El camino wesleyano

El camino wesleyano

Libro

Presenta las creencias y prácticas del cristianismo wesleyano en ocho capítulos, a través de historias y Escrituras, para uso individual o en grupo.
978-1-5018-6289-2

DVD (solo disponible en inglés)

Consta de entrevistas inspiradoras y conmovedoras con ocho líderes cristianos que narran sus historias de fe. Las entrevistas son de unos diez minutos.
978-1-4267-6758-6

Guía del líder (solo disponible en inglés)

Proporciona al líder todo lo necesario para organizar y dirigir un grupo para estudiar *El camino wesleyano* en ocho sesiones. Incluye material para preparar las clases, opciones de horarios, actividades y preguntas para discutir de las Escrituras, libro y DVD.
978-1-4267-6757-9

Para obtener más información visite www.The WesleyanWay.com

El camino wesleyano

Una fe que importa

SCOTT J. JONES

Abingdon Press
Nashville

Para L. Gregory Jones,
mi hermano, amigo, colega
e inspiración en el camino.

Contenido

Invitación

¡Está invitado!

Le invito a andar por el camino de la salvación, a vivir una existencia que importa, a conectarse con los propósitos de Dios para usted y el mundo. Es un caminar de toda la vida y lo conseguimos paso por paso.

No obstante, hay personas que quieren ver el mapa de carreteras para todo este viaje. Estas son las que preguntan: ¿A dónde nos dirigimos?, y ¿cuánto tomará? A menudo, también preguntan: ¿Cómo podré alcanzar el final?, y ¿seré capaz de realizar ese viaje?

Si usted es una de esas personas, este programa es para usted. O, si se encuentra usted dirigiendo o hablando con una de esas personas, este programa es para usted. En ambos casos, usted querrá y deberá entender más profundamente en qué consiste la vida cristiana.

Tuve esta experiencia en la primavera de 1978. Finalmente resolví mi búsqueda espiritual y me hice cristiano. Incluso comencé a asistir a un seminario porque sentía que la iglesia era algo bueno y quería ayudar a las personas a encontrar a Dios. Pero no sabía la dirección que tomaría o cómo iba a funcionar todo.

Mi primer trimestre de clases fue más que nada desafiante y confuso. Pero entonces me apunté a un curso titulado «Wesley y la tradición wesleyana», enseñado por el doctor Albert Outler. A través de las charlas, la lectura asignada y las conversaciones personales, el doctor Outler me ayudó a entender el camino de la salvación que se enseña en la Biblia, tal y como lo entendía Juan Wesley y su hermano Carlos, reformadores evangélicos que vivieron y enseñaron en el siglo XVIII. En el proceso, me conmoví y me sorprendió aprender que el entendimiento de Wesley del cristianismo era la enseñanza oficial de mi propia iglesia. Era el hijo, nieto y bisnieto de pastores metodistas y de alguna manera nunca había antes aprendido el camino wesleyano de la salvación.

No quisiera que esto le sucediera a usted. Deseo que vea lo que Dios ha preparado para usted, para que tenga una imagen más completa de la vida cristiana y pueda aplicarla usted, su familia, sus amistades y cualquier otra persona con la que se relacione.

Cuando comencé a aprender el camino wesleyano, adquirí la matriz para resolver las preguntas mayores y más importantes de mi vida. Cuando oigo críticas contra el cristianismo, a menudo pienso: *No hablan del camino wesleyano.* Cuando leo de personas que batallan con preguntas profundas de la fe, pienso: *Si yo les pudiera compartir el camino wesleyano...*

Esta es la razón por la que escribo este estudio. Es el por qué he invitado a algunos de los líderes cristianos más apasionantes y persuasivos para compartir sus pensamientos y ministerios en los videos que acompañan el libro. Queremos ayudarle a usted a ver lo que la Biblia le ofrece cuando se lee desde una perspectiva wesleyana. No es la única manera de leer las Escrituras, pero se dará cuenta que le hace justicia a la Biblia, su perspectiva holística, y, sorprendentemente, es perfectamente relevante para este siglo XXI.

Cuando se comenzó a considerar a los cristianos un grupo separado, se les identificó como personas que pertenecían a «el Camino» (Hechos 9.2). El cristianismo se entendía como la relación con el Jesús resurrecto, la participación en una comunidad y un peregrinaje a la salvación. Cuando Pablo describió su vida entera, dijo: «he acabado la carrera» (2 Timoteo 4.7). El autor de Hebreos exhortó a la gente a un peregrinaje: «corramos con paciencia la carrera que tenemos por delante, puestos los ojos en Jesús, el autor y consumador de la fe» (Hebreos 12.1-2). Seguir a Jesús es un caminar de toda una vida que, a su vez, puede describirse como una carrera, un peregrinaje, un camino hacia la Tierra Prometida.

Por supuesto, se puede realizar tal travesía sin un mapa. Imagine subirse a su auto en Miami e intentar llegar a Seattle. Sin un mapa o GPS, podrá realizar el viaje por prueba y error. Podría pedir direcciones a las personas que se encuentre por el camino. Estas podrían dirigirlo por el camino correcto, o podrían mandarlo por un desvío. Si realiza su viaje sin un mapa, podría no alcanzar su destino jamás. Pero si lo alcanza, podría haberse desviado antes del camino tantas veces que le hubiera llevado mucho más tiempo alcanzar su destino. A usted le podría encantar Portland, Maine o McAllen, Texas o San Diego, California, pero visitar tales lugares le tomaría más tiempo si no toma una ruta más directa. Un mapa es el elemento indispensable en la planificación de un viaje y la toma de decisiones a lo largo de este recorrido. ¡Le ayudará saber dónde está y a dónde se dirige!

La Biblia es nuestro mapa, pero es tan antigua y compleja que los cristianos han desarrollado maneras de leerla para guiar a los creyentes en su jornada. El camino Wesleyano de cristianismo tiene su forma de entender las Escrituras, y este estudio es en parte un resumen y una exploración de ese entendimiento.

He desarrollado este estudio para ayudarlo a hallar el propósito para su vida. Creo que Dios quiere que usted sea salvado del pecado y liberado para vivir feliz y plenamente como un discípulo de Cristo. Esta travesía es mucho más sencilla si usted se abre a las enseñanzas de la Biblia, escucha la sabiduría de los cristianos que han recorrido el camino antes que usted, y lo realiza en comunidad —con un grupo de compañeros de travesía o discípulos que lo apoyarán a usted, lo animarán y lo desafiarán a lo largo del camino. Idealmente esa comunidad de hermanas y hermanos y amigos le harán responsable para desarrollarse al máximo. Nuestros esfuerzos para alcanzar a ser las personas que queremos ser, a menudo, se producen en grupos; ya sea Alcohólicos Anónimos, Weight Watchers, la Caminata a Emaús, un estudio bíblico de mujeres, un grupo de hombres o una clase de la escuela dominical. Nos necesitamos los unos a otros.

Sin embargo, ningún libro, grupo o iglesia tiene todas las respuestas. Cuando termine este estudio, seguirá formulándose preguntas y seguirá buscando entender la totalidad de la maravillosa gracia de Dios, el poder del Espíritu Santo y los gozos profundos de seguir a Jesús.

Espero y oro que, junto con un grupo de personas que quiere seguir a Jesús más plenamente, usted descubra que esta travesía cristiana está llena de gozo profundo y significado. Esta ha sido mi experiencia personal —que seguir el camino wesleyano ha resultado en una bendición increíble. Espero que usted, también, reciba esta bendición por medio de su experiencia a través de este estudio.

1.

Seguir a Cristo
es una forma de vida

Una buena vida, ¿Qué es una vida buena? ¿Cómo se vive bien? ¿Es posible tener éxito, gozo o sentirse bendecido? ¿Tiene propósito la vida humana? ¿Puede alguien realmente ser feliz? ¿Es la realización personal posible?

Los cristianos wesleyanos creen que seguir a Jesús es la respuesta a todas estas preguntas, que seguir a Jesús es la mejor manera de vivir nuestras vidas con un significado, propósito y gozo máximos.

Para algunas personas, esta declaración es escandalosa. ¿Cómo puede alguien ni siquiera sugerir que una forma de vida es mejor que otra? Para otras personas, particularmente esas que han sido cristianas toda su vida, es evidente que seguir a Cristo es la mejor manera de vida. Pero incluso esas personas, a veces, se preguntan qué es seguir realmente a Cristo. Si realmente seguimos a Jesús con toda seriedad e intencionalidad, ¿a qué nos referimos?

Este estudio del camino wesleyano busca involucrarlo a usted en una conversación que le ayude a resolver esa pregunta. La conversación podrá ser entre usted y yo, entre usted y los presentadores del video, o con un grupo de personas en su vida que comparten su peregrinaje.

El camino wesleyano de salvación es una respuesta a las preguntas sobre cómo vivir plenamente. Es una respuesta basada en las Escrituras y que resume los temas fundamentales de la Biblia y el mensaje transformador de Jesucristo. Se podría resumir de la siguiente manera:

Dios tiene un plan para todo ser humano. Toda persona ha sido invitada a recibir la ayuda de Dios para alcanzar esa meta. Y aun cuando Dios puede tener un plan concreto para un individuo concreto, el plan general que se aplica a usted y las demás personas es: Dios quiere que usted lo ame y que ame a su prójimo con todo lo que piensa, dice o hace.

Jesús expresó el plan de una manera simple y apremiante. Uno de los eruditos religiosos de sus días, uno que había estudiado las leyes bíblicas, le hizo a Jesús un pregunta

> *Dios tiene un plan para todo ser humano.*

crucial y muy debatida. Los heruditos judíos sabían que existían 613 mandamientos en la Torá, y pensaban que la obediencia de la Ley era la manera de agradar a Dios y vivir una vida plena. Por esto le preguntaron cuál de estos mandamientos era el más importante. La conversación se encuentra en Mateo 22.34-50:

> Entonces los fariseos, cuando oyeron que había hecho callar a los saduceos, se reunieron. Y uno de ellos, intérprete de la Ley, preguntó para tentarlo, diciendo: Maestro, ¿cuál es el gran mandamiento en la Ley? Jesús le dijo: «Amarás al Señor tu Dios con todo tu corazón, con toda tu alma y con toda tu mente». Éste es el primero y grande mandamiento. Y el segundo es semejante: «Amarás a tu prójimo como a ti mismo». De estos dos mandamientos dependen toda la Ley y los Profetas.

La primera respuesta de Jesús citó Deuteronomio 6.4-5. Esta era una de las respuestas comunes; era y es uno de los mandamientos prominentes entre la comunidad judía. Pero note que Jesús emparejó su primera respuesta con Levítico 19.18, y declaró que el resto de los mandamientos dependían de estos dos.

De esta forma Jesús resumió cómo Dios espera que vivan los seres humanos. Vivimos en un mundo lleno de opciones. Hay muchas religiones diferentes. Hay muchas filosofías seculares que sugieren que no tener religión es la mejor opción. Y hay muchas personas que pasan por la vida sin religión, ni filosofía y sin siquiera pensar en las grandes preguntas como: «¿Cuál es mi propósito aquí en la tierra?»

El camino wesleyano, respondiendo a estas preguntas, comienza con los mandamientos más importantes de Jesús, amar a Dios y amar al prójimo. Y con todo, somos conscientes de que no estamos siguiendo esos dos mandamientos como deberíamos. Todos somos pecadores. ¿Cómo podemos alcanzar el propósito divino para nuestras vidas? Si somos honestos con Dios y con nosotros mismos, debemos admitir que seguir a Jesús resulta difícil.

Pero seguir a Jesús, sin importar la dificultad, es la mejor respuesta a las preguntas más importantes de la vida. El camino wesleyano describe al cristianismo como una travesía en la que seguimos a Jesús hacia la meta de amar a Dios con todo nuestro corazón, mente, alma y fuerza y amar a nuestro prójimo como nos amamos a nosotros mismos. El cristianismo se describe con frecuencia como salvación. En el camino wesleyano, la salvación es una travesía hacia la felicidad eterna.

> *La salvación es una travesía hacia la felicidad eterna.*

La salvación es buenas nuevas

La palabra *salvación* ha sido mal usada por algunos cristianos y malentendida por otras personas. Aun así, junto con muchas otras palabras de la Biblia, es mejor seguir usándolas y hacerlo con la mayor claridad posible. Cuando hablamos del camino wesleyano de salvación, debemos tener en cuenta lo que Jesús expresó a muchas personas con las que se encontró. Para muchas, salvación consistía en sanarlas de lo quebrantado en sus vidas. Para algunas de estas esto conllevaba la sanidad física. Para otras la restauración de sus relaciones rotas. Aun para otras significó vida tras la muerte en el paraíso. Una forma de expresar esta variedad de significados es decir que la salvación es de todas las cosas malas de la vida y para la felicidad verdadera, el gozo y la verdad.

No nos ayuda el hecho que la salvación a veces se ha «diluido» a una serie de parcialidades. Cada una contiene elementos de la verdad, pero separadas son inadecuadas. Examinemos algunos de estos significados parciales.

La salvación es más que la experiencia singular de «ser salvado», aunque esto pueda representar un momento importante de la travesía. Las tradiciones de avivamientos y reuniones campestres en el cristianismo protestante han enfatizado enérgicamente el

---

Me faltaba algo

No me crié en la iglesia. La fe simplemente no formaba parte de mi vocabulario. Mi hermana y yo fuimos criados para ir a la escuela, valorar la educación y tener éxito, lo cual hicimos.

Pero me sentía perdido. Percibía que había un vacío dentro de mí. Me faltaba algo. Entonces un amigo me dijo: «Andy, te estás haciendo preguntas religiosas. Deberías empezar a buscar allí».

Tenía una novia que era católica romana en ese momento y asistía a la misa con ella. Dios comenzó a moverse, y empecé a sentir al Espíritu Santo, y mi corazón comenzó a cambiar. Entonces, de repente, en el medio de la noche, escuché una voz: «Si me sigues, todas tus preguntas serán respondidas». Sabía que era mi oportunidad. Dije que sí a Jesús esa noche, y nunca he vuelto a mirar atrás.

Para mí, la vida que importa es la que está conectada a Jesús cada instante del día. Estar conectado significa que siempre me pregunto: ¿Qué es lo que Jesús quiere que haga yo? ¿A dónde me está dirigiendo el Espíritu Santo ahora? Si hace usted eso, descubrirá que no hay momentos ordinarios. Dios siempre trata de presentarse, y entre más lo busque, más lo verá. Dios vive. Está aquí. Quiere ser conocido.

Andy Nixon
Pastor Principal, The Loft
Iglesia Metodista Unida The Woodlands
The Woodlands, Texas

Del DVD *El camino wesleyano* (solo disponible en inglés)

---

compromiso inicial de las personas a Cristo como Señor y Salvador. Muchas personas cuentan historias de conversiones dramáticas en las cuales sintieron al Señor perdonar sus pecados y aceptarlas como hijos amados. Algunos de nuestros himnos más impactantes se escribieron para expresar la necesidad que los pecadores tienen de tal experiencia, como «En la cruz»:

> En la cruz, en la cruz, do primero vi la luz,
> y las manchas de mi alma yo lavé;
> fue allí por fe do vi a Jesús,
> y siempre feliz con él seré.[1]

Algunas tradiciones cristianas presumen que toda persona debe pasar por una experiencia de este tipo. Cuando las personas preguntan: «¿Es usted salvo?», esperan a veces que usted pueda identificar la fecha y la hora cuando conoció a Cristo. Se refieren a esta experiencia como haber «nacido de nuevo». El camino wesleyano puede incluir este nacimiento nuevo en un momento identificable, pero también describe otra serie de senderos válidos hacia Jesús. Las personas hallan diferentes veredas para acercarse a la fe, incluyendo ser criado en la fe desde el principio y ser bautizado como un infante y nunca abandonar la fe. Pueden ser historias de inspiración dramática o de crecimiento gradual.

La salvación también es más que la membresía en una iglesia, aunque la membresía en una iglesia es parte de ella. En algunos casos la membresía en una iglesia no parece diferir mucho de la membresía a cualquier otra afiliación de grupo o membresía en un club. Las iglesias, como los clubes, tienen un propósito, expectativas de asistencia, cuotas y requisitos, y beneficios que acompañan a esa membresía. Algunas congregaciones han reducido su entendimiento de la salvación a «únase al club, y disfrute de los beneficios que ofrecemos».

La salvación es más que una afiliación familiar, aunque la familia y nuestra educación pueden influir en nuestro camino. Sin duda alguna, nuestras familias moldean mucho de lo que somos. Algunos de estos aspectos son genéticos. Otros involucran una red compleja de relaciones, valores y lealtades que constituyen la identidad familiar. Por esto, y porque la religión es una expresión de nuestros más altos y más sagrados valores y relaciones, nuestras familias a menudo moldean nuestra fe. En sociedades más tradicionales, la experiencia personal de salvación es realmente parte de la experiencia familiar, y cambiar de religión es inaceptable.

Mi propia experiencia no fue de cambiar religiones, pero si de profundizar más en mi fe. Pertenezco a la cuarta generación de una familia metodista y soy un pastor metodista unido. Durante un año y medio no asistí a la iglesia y no tenía una fe personal en Cristo. Pasé por la confirmación y era miembro de la Iglesia Metodista Unida local, pero me había apartado de Cristo y no lo conocía como el Señor y Salvador de mi vida. En ese momento, participaba de varias actividades metodistas unidas que se centraban en la paz, justicia y ayuda al pobre. Mientras estaba en la universidad, comencé un peregrinaje espiritual que me condujo a la salvación. Se produjo en el camino wesleyano, y afirmé una relación salvífica con Cristo que se expresa en mis raíces metodistas unidas con más profundidad que antes.

Para algunos de ustedes, encontrar a Cristo puede conllevarlos a rechazar algunos valores o tradiciones familiares. Cualquiera que sea el punto de entrada, está caro que la salvación es más que las afiliaciones familiares de la persona.

En cualquier caso, la salvación es una travesía de por vida. Una vez que una persona entra dentro de la vida cristiana, ha sido salvada pero continúa siendo salvada. Las personas cristianas deben entender que Dios no ha concluido su obra en ellas simplemente porque iniciaron una relación salvífica con Él. Todos hemos pecado, y nos lleva toda una vida convertirnos en la clase de persona que Dios planeó que fuéramos.

La salvación es holística y a largo plazo, no parcial y a corto plazo. Es una forma de vida que moldea todo lo que pensamos, todo lo que hacemos, todo lo que somos. Moldea nuestras relaciones y la forma en la que empleamos nuestro tiempo, dinero y energía. Lo abarca todo porque el Dios que ha creado el universo y nos amó no merece nada menos.

El camino wesleyano de salvación no nos hace copias idénticas. Aunque el camino en sí es el mismo para todos, cada uno camina esta travesía a su propio paso, con sus propias habilidades y con su propio estilo. Hay unidad y diversidad entre los seguidores de Jesús.

> Hay unidad y diversidad entre los seguidores de Jesús.

El camino wesleyano da vida al mensaje de la Biblia

¿De dónde procede el camino wesleyano? Se fundamenta en la Biblia. La Biblia es una colección compleja de sesenta y seis libros, y la versión Católica Romana contiene libros adicionales que los protestantes llaman apócrifos. La Biblia contiene una amplia variedad de formas literarias: poesía, historia, cartas, evangelios y profecía apocalíptica. Las Escrituras tienen autoridad para todos los cristianos, pero las diferencias dentro de la familia cristiana muestran que leemos este libro maravilloso, complejo y poderoso de maneras diferentes. Cada forma de leer las Escrituras puede llevarnos a una versión diferente de la vida cristiana.

El camino wesleyano de lectura e interpretación de la Biblia evita algunos de los asuntos más contenciosos y divisores entre cristianos y se centra en el mensaje básico del texto. Es la manera que Juan Wesley y sus seguidores han leído las Escrituras desde el siglo XVI. Wesley mismo dijo que el camino wesleyano no era nada nuevo; es «la religión antigua, la religión de la Biblia, la religión de la iglesia primitiva, la religión de la Iglesia de Inglaterra».[2] El mismo Wesley creía que los cristianos, con demasiada frecuencia, no seguían el camino. De hecho, decía que el mayor obstáculo para el avance del cristianismo era (es) el comportamiento de los cristianos.

Una de las ironías del cristianismo wesleyano es que, en muchos casos, las personas que pertenecen a iglesias de la tradición wesleyana, como los metodistas, nazarenos y denominaciones pentecostales, no practican el camino wesleyano adecuadamente. Una de las razones para participar en este estudio es volverse a comprometer con nuestros valores más altos y mejores como seguidores de Jesús. Otra razón es invitar a esas personas que todavía no son seguidoras de Jesús para que consideren iniciar esta jornada.

Lo que estudiaremos en este libro y el DVD [Solo disponible en inglés] es el camino wesleyano de seguir a Jesús, tal y como lo enseñaron Juan y Carlos Wesley en su movimiento del siglo XVIII. Ese movimiento fue el precursor de un avivamiento en su iglesia, la Iglesia de Inglaterra, pero que eventualmente dio origen a la formación de muchas iglesias wesleyanas diferentes. El camino wesleyano que se presenta en este estudio está relacionado con las enseñanzas oficiales de muchos de esos grupos. Los que pertenecemos a la tradición wesleyana no siempre practicamos esta forma de vida muy bien, pero si buscamos y miramos con cuidado, es lo que tratamos hacer cuando nos comportamos mejor.

Los wesleyanos creemos en la autoridad de la Biblia. Reconocemos que las Santas Escrituras son complejas y se componen de muchas partes que tratan una variedad amplia de temas y asuntos. Los que seguimos el camino wesleyano creemos que la Biblia es la Palabra inspirada de Dios, comunicada a través de seres humanos y reflejando sus idiomas, culturas y tiempos en los que vivieron. Como resultado, las Escrituras deberán ser entendidas a la luz de su contexto original. Una denominación wesleyana lo ha expresado de la siguiente manera:

> *Los wesleyanos creemos en la autoridad de la Biblia.*

Las Sagradas Escrituras contienen todas las cosas necesarias para la salvación; de modo que no debe exigirse que hombre alguno reciba como artículo de fe, ni considere como requisito necesario para la salvación, nada que en ellas no se lea ni pueda por ellas probarse.[3]

Aunque algunos cristianos enseñan que la Biblia no contiene error en absoluto, los wesleyanos creen que es fiable en todo asunto que tiene que ver con nuestra fe. Por lo tanto, los wesleyanos no dedican demasiado tiempo preocupándose por predecir cuándo se acabará el mundo de acuerdo a las visiones de Daniel o el Libro de Apocalipsis, y estamos dispuestos a aceptar los hallazgos de los científicos modernos que muestran que el universo tiene cientos de miles de millones de años. En vez, nos centramos en lo que creemos es el mensaje central de las Escrituras: el camino de la salvación.

Juan Wesley creía que el camino de la salvación es el tema central que conecta la Biblia en su totalidad. Ese tema se expresa en la historia de un Dios que creó a la humanidad a su propia imagen. Cuando la humanidad pecó, fue separada de Dios. Dios continuó amando a su creación y buscando la redención de la raza humana, otorgando la ley a Israel y enviando profetas para que instruyeran a las personas. Cuando se cumplió el tiempo, Dios envió a su Hijo para enseñar y después morir por los pecados del mundo. La gracia salvífica de Dios se puso a disposición de toda la humanidad por medio de la predicación del evangelio. Recibimos la salvación por medio de la gracia de Dios a través de la fe en Cristo, la cual viene a nosotros en forma de gracia «preveniente» o preparadora, gracia «justificadora» o de aceptación, y gracia «santificadora» o sustentadora.

El evangelio es buenas nuevas. La palabra evangelio proviene del griego, idioma en el que se escribió el Nuevo Testamento. Cada uno de los primeros cuatro libros era el *euangelion* de acuerdo con su autor —Mateo, Marcos, Lucas y Juan. El prefijo *eu* significa «bueno» y *angelion* significa «noticias, nuevas» (la cual está relacionada a la palabra ángel, que significa mensajero). Por tanto, el evangelio es un libro a cerca de las buenas nuevas que Dios envía al mundo en el nacimiento, vida, muerte y resurrección de Jesucristo. Cristo es el portador de la gracia divina para un mundo que desesperadamente necesita ser amado.

Para gente como usted y yo, quienes se dan cuenta de que están quebrantadas y que la vida les ofrece más de lo que están experimentando, la oportunidad de sanar nuestro quebrantamiento y encontrar un camino a nuestro desarrollo es una buena noticia.

Si quiere obtener más información detallada en cuanto al cristianismo wesleyano, además de algunos escritos de Juan Wesley e himnos de Carlos Wesley, diríjase a la página de internet de este estudio: www.TheWesleyanWay.com.

La salvación es un peregrinaje

El camino wesleyano es un viaje de toda una vida.

Desde un punto de vista, es una travesía con un destino llamado la vida eterna. Los cristianos wesleyanos creemos que, después de morir, vamos a vivir con Dios por la eternidad. Cristo miró al criminal crucificado con él y le dijo: «De cierto te digo que estarás conmigo en el paraíso» (Lucas 23.43).

Al mismo tiempo, creemos que la vida eterna es una cualidad de la vida aquí en la tierra. En el sermón del monte, en Mateo 5–7, Jesús hizo una serie de declaraciones llamadas bienaventuranzas. Nueve de estas declaraciones comienzan con la palabra que normalmente se traduce como «bienaventurados», como por ejemplo: «Bienaventurados los pobres en espíritu, porque de ellos es el reino de los cielos». Juan Wesley traduce la palabra por «felices», diciendo «Felices los pobres en espíritu, porque de ellos es el reino de los cielos». Wesley sabía que la Biblia nos estaba enseñando que la felicidad genuina viene del seguir a Jesús.

La meta final de seguir a Jesús es vivir con Dios para siempre. La meta a corto plazo (la longitud de nuestras vidas en la tierra) es tener una vida que importe. El camino wesleyano enseña que Dios ha creado cada persona para vivir en una relación con él. Las personas son más felices y más satisfechas cuando reconocen a Dios como Creador y Señor, y cuando anhelan ser esas personas que Dios diseñó que fueran.

Esta forma de vida tiene un comienzo y una dirección a un fin. Como muchas travesías, también esta podría tener desvíos y algunos obstáculos de por medio. A menudo es difícil, pero también presenta sorpresas y momentos increíblemente bonitos. La travesía tiene cinco etapas:

1. Creación a la imagen de Dios
Usted es especial.

2. Pecado
Todos tenemos problemas.

3. Arrepentimiento
Puede dar un giro a su vida con la ayuda de Dios.

4. Justificación
Dios lo aceptará por medio de su gracia a través de la fe.

5. Santificación
Usted puede llegar a ser como Jesús por medio de su gracia a través de la fe.

Este estudio describe cada una de estas etapas y cómo el camino wesleyano ayuda a las personas a realizar esta travesía. El poder de la gracia divina es real y la travesía es posible con la ayuda de Dios. Vivir una vida con significado es una de las metas de seguir el camino wesleyano, e invitar a otras personas a comenzar la travesía junto a nosotros es una parte de ellas. Sabemos que el camino es difícil en ocasiones, pero una relación con Cristo nos da la energía y los recursos para vivir una vida bienaventurada independientemente de los baches del camino o de esos desvíos inesperados.

Este capítulo describe el camino wesleyano de la salvación en términos generales como una forma de vida que apunta al regocijo más profundo posible. En el capítulo 2 nos centraremos en quién es Dios y sus intenciones para su creación. Saber que el poder del amor impregna el universo puede cambiar nuestra perspectiva de todas las cosas. En el capítulo 3 reconocemos lo bueno de la creación y también la realidad del pecado. El pecado es una enfermedad para la cual la salvación es la cura. El capítulo 4 habla de tornar nuestra vida hacia Dios. Las vidas de las personas pueden dirigirse a muchas direcciones, y tornar hacia Dios es el punto de partida del camino wesleyano. En el capítulo 5 reconocemos que el poder de Dios por medio de la gracia y la comunidad cristiana son aspectos esenciales de esta travesía. En el sexto capítulo se nos recuerda que la meta de este viaje es transformarnos nosotros y el mundo para alinearnos más con la intenciones divinas para nosotros. A lo largo del camino, debemos compartir las buenas nuevas de lo que hemos hallado con otras personas, y esto se describe en el capítulo 7. En el capítulo 8 se tratan los obstáculos que inevitablemente surgirán, y cómo una vida en Cristo puede triunfar incluso sobre la muerte.

El aspecto principal de este programa es que la salvación es un proceso de toda una vida. Hay esas personas que hablan de la fe cristiana como si se tratara de un evento singular instantáneo. Tienen razón en destacar que, en ocasiones, un momento singular puede ser un punto de giro dramático que cambie una vida. Sin embargo, en el camino wesleyano, seguir a Cristo conlleva toda un vida, y cualquier punto decisivo singular es seguido por años de ir en esa dirección.

Seguir a Jesús consiste en una relación con él, y todas las relaciones son complicadas. Pienso en lo que conlleva ser un padre o madre y en todas las habilidades que se requieren para realizar esta tarea bien. A veces, uno debe ser un proveedor, ganando dinero y administrándolo para comprar comida, ropa y cobijo. A veces, uno debe proporcionar cuidado en tiempo de enfermedad. Otras veces, uno es un maestro, ayudando al hijo o hija a leer, evitar peligros y adoptar valores positivos. Otras, uno es un entrenador, dando consejo y ayudando al niño a entender lo que debe hacer. Y aun otras veces, uno es un disciplinario, repartiendo castigos y recompensas.

De la misma forma, seguir a Jesús tiene muchos aspectos. Parte del discipulado son nuestras creencias, o lo que pensamos que es cierto en cuanto a Dios, el mundo y la humanidad. Parte del discipulado es nuestro comportamiento, siempre tratando de hacer el bien. Parte de nuestro discipulado es participar en las disciplinas espirituales tales como la oración, adoración, estudio bíblico y la Eucaristía. Parte de nuestro discipulado es ser bautizado dentro del cuerpo de Cristo y participar como miembros de la iglesia de Cristo. Parte de nuestro discipulado es descubrir nuestros dones espirituales y utilizarlos para servir a Cristo. Parte de nuestro discipulado es compartir la fe con esas personas que no conocen a Cristo como Señor y Salvador.

Significado, propósito y gozo se experimentan mejor al seguir a Jesucristo como Señor y Salvador. Los cristianos tenemos una visión de cómo vivir que se describe como discipulado.

Viajamos juntos como la iglesia de Dios

Las buenas noticias es que no realizamos este viaje cristiano solos. Hacerse un discípulo de Jesús significa que nos unimos a una comunidad de personas que siguen el mismo sendero. Jesús modeló esto cuando formó un grupo de seguidores íntimo. Estos fueron guiados por los doce discípulos, pero el grupo era mucho más numeroso.

Seguir a Jesús significa participar en una comunidad cristiana, normalmente una iglesia. Muchas personas critican la religión organizada, y dicen que las iglesias no se comportan de acuerdo con su más alto llamado y que una persona puede ser cristiana sin participar en una iglesia. Para los wesleyanos, esto constituye un error profundo de lo que es seguir a Jesús. Podemos estar interesados en Jesús, sentirnos atraídos hacia Jesús o tener curiosidad en cuanto a él sin tener que pertenecer a una iglesia. Podemos estar de acuerdo con algunas de las ideas de Jesús. Podemos apreciar a Jesús como una figura histórica. Pero estos pasos no son suficientes para hacernos discípulos de Jesús.

El discipulado requiere un compromiso más profundo que vaya más allá de la curiosidad o el estar de acuerdo. Requiere aceptar a Cristo bajo sus propias condiciones como el Hijo de Dios encarnado y Salvador del mundo. Requiere bautismo y participación

Las buenas noticias es que no realizamos este viaje cristiano solos.

en la iglesia de Cristo. Requiere sacrificio y servicio a Dios y al prójimo. En resumidas cuentas, ser un discípulo es una forma de vida.

Sabemos que todas las iglesias cristianas son imperfectas. Como los creyentes que forman sus congregaciones, a veces se centran en sí mismas en vez de en Dios. A veces tratan a las personas inapropiadamente, y a veces predican y enseñan falsas doctrinas. Aún así, Jesús aceptó a los doce como sus discípulos a pesar de sus deficiencias. Dios ha decidido usar una iglesia lejos de ser perfecta para cumplir sus propósitos.

Cantamos la fe durante la travesía

Carlos Wesley predicó y enseñó al lado de su hermano Juan. Hizo muchas contribuciones al camino wesleyano, pero de todas, las más importantes fueron sus himnos. Escribió más de seis mil himnos. Desde entonces, los wesleyanos han cantado acerca de su fe, usando los himnos de Carlos Wesley y otras personas. Los himnos han sido expresiones de sus creencias, sus oraciones y alabanzas a Dios, y por medio de ellos han contado historias de travesías de fe. Podríamos describir el camino wesleyano en su totalidad prestando atención a estos himnos. En cada capítulo del libro introduciré un himno que incorpora una enseñanza clave del capítulo.

El amor que experimentamos con Dios y unos con otros es un pedacito de cielo en esta vida.

En la primavera de 1738, justo después de que Juan y Carlos Wesley regresaran de su viaje no muy exitoso a la colonia de Georgia en América, estaban hablando con un amigo en cuanto a su fe cristiana, Juan y Carlos batallaban con la idea de si habían realmente recibido la salvación (sepa que ambos Carlos y Juan eran ministros ordenados de la Iglesia de Inglaterra en aquel momento), y su amigo les estaba aconsejando. En medio de la conversación, Carlos exclamó, «¡Si tuviera lenguas mil, usaría todas para alabarle a él!».

Este clamor espontáneo fue la inspiración para un poema, que un año más tarde Carlos incorporaría dentro de un himno, uno de los más importantes y famosos de los que escribió. En el himno, comienza alabando a Dios y deseando una capacidad mayor para honrar al Dios que lo había salvado. Dios es nuestro creador y nuestro redentor. Él ayuda activamente a esas personas con necesidades. Perdona al pecador. Ayuda al ciego a ver. Hace caminar al paralítico.

Cuando cantamos este himno, estamos reconociendo una relación con Dios que comienza con la alabanza por quien es él. Dios es verdaderamente glorioso y está actuando en el mundo de maneras que impactan. También reconocemos quienes somos nosotros y lo que creemos. En Cristo conocemos a Dios y sabemos que nuestros pecados son perdonados. Anticipamos el cielo, y creemos que el amor que experimentamos con Dios y unos con otros es un pedacito de cielo en esta vida.

«Mil voces para celebrar»

El himno de Carlos Wesley expresa la profunda convicción de que hay un Dios, y que este Dios está obrando para salvar el mundo. Dios cancela el pecado y su poder. Dios acoge a las personas deprimidas y les da gozo. Dios ayuda al paralítico a caminar y al ciego a ver. No solo adoramos a este Dios por su amor y todo lo que ha hecho pero también se lo contamos a otras personas usando tantas lenguas como podamos dominar.

Mil voces para celebrar a mi libertador,
las glorias de su majestad,
los triunfos de su amor.

Mi buen Señor, Maestro y Dios,
que pueda divulgar tu grato nombre
y su honor en el cielo, tierra y mar.

El dulce nombre de Jesús nos libra del temor;
en las tristezas trae luz,
perdón al pecador.

Destruye el poder del mal
y brinda libertad; al más impuro
puede dar pureza y santidad.

El habla, y al oír su voz el muerto vivirá;
se alegra el triste corazón,
los pobres hallan paz.

Escuchen, sordos, al Señor;
alabe el mundo a Dios;
los cojos salten, vean hoy los ciegos al Señor.

En Cristo, pues, conocerán la gracia del perdón
y aquí del cielo gozarán,
pues cielo es su amor.[4]

2.

El amor siempre triunfa

Todos debemos plantearnos la pregunta trascendental: ¿Quién o qué es lo que realmente importa en el universo? Podríamos expresar esta pregunta de realidad fundamental en cuatro preguntas religiosas:

- ¿Hay un Dios?
- Si es así, ¿quién es Dios?
- ¿Tiene propósito la vida humana?
- Si es así, ¿cuál es?

La historia de las religiones está repleta de diferentes respuestas a estas preguntas. Algunas religiones adoran multitud de dioses y diosas. En el mundo occidental, estamos quizás más familiarizados con el panteón griego de Zeus, Hera, Atenea, Hermes, Poseidón, Ares y otros. En la religión romana se le dieron diferentes nombres a las deidades griegas. El hinduismo y la religión antigua egipcia también contaban con multitud de deidades.

El judaísmo se diferenciaba de los otros grupos religiosos en su insistencia de que solo había un dios, y que el pueblo judío solo podía adorar al Señor. El judaísmo, junto con el cristianismo y el islam, posteriormente, mantenía la creencia de que un Dios se había revelado a Abraham y, después, se reveló a Moisés y a los profetas. Cuando Dios primeramente habló a Moisés en la zarza ardiente, dijo: «Yo soy el Dios de tu padre, el Dios de Abraham, el Dios de Isaac y el Dios de Jacob». Hoy día los cristianos se refieren al mismo Dios como a ese a quien Jesús llamó «Padre» y quien inspiró a los escritores de la Biblia.

Cuando respondemos a las preguntas «¿Hay un Dios?» y «¿Quién es Dios?» tiene sentido antes alcanzar algunas conclusiones en cuanto al significado y propósito de la vida humana. Si hay un ser supremo que hizo el mundo o lo controla, entonces nuestro

> *¿Quién o qué es lo que realmente importa en el universo?*

lugar en el universo como seres humanos se hace más claro. Si no hay tal Dios y el universo es un accidente cósmico, entonces se podrá proponer algún propósito biológico. Algunas personas han declarado que estamos programados para la supervivencia de nuestra especie y este es nuestro propósito más alto. Varias religiones han sugerido que la respuesta está en satisfacer y cumplir la intención de un ser supremo.

¿Cómo podemos resolver esta cuestión?

Dentro de la tradición cristiana, teólogos y filósofos han ofrecido argumentos para probar la existencia de Dios. Tomás de Aquino, cuando enseñaba en el París del siglo XIII, ofreció cinco pruebas de la existencia de Dios. Estas todavía se usan hoy de forma variada, mientras las personas siguen tratando de probar la existencia de Dios. Anselmo de Canterbury ofreció aun otra prueba, y escribió que Dios es «algo mayor de lo cual nada puede pensarse».[5] Entonces, Anselmo razonó que ese ser del que nada más grande puede ser pensado debe existir. Unos pocos filósofos modernos han mostrado interés en la propuesta de Anselmo.

El amor siempre triunfa.

En mi experiencia personal nunca he visto a nadie convertirse al cristianismo por medio de este tipo de argumentos. En vez, los argumentos de los teólogos y filósofos parecen más útiles tras la conversión para mostrar que los compromisos de fe de los creyentes tienen sentido y se pueden defender racionalmente.

La Biblia misma no ofrece prueba de la existencia de Dios. En vez, en el versículo de apertura asume que hay un Dios y describe lo que ese Dios ha hecho. «En el principio creó Dios los cielos y la tierra» (Génesis 1.1).

Para los cristianos, la respuesta a las cuatro preguntas religiosas se encuentra últimamente en la fe, un compromiso a vivir de esta manera porque encaja. Tiene sentido. Es lo correcto. De acuerdo con Hebreos 11.1: «Es, pues, la fe la certeza de lo que se espera, la convicción de lo que no se ve». Fe es la decisión tomada de que Dios es real y que queremos vivir nuestra existencia en relación con Dios. Expresándolo de otra manera: Dios es amor, y el amor siempre triunfa.

Dios es amor

La convicción de que Dios es amor aparece por toda la Biblia:

- Génesis 1—Un Dios de amor crea el mundo de la nada y lo llama bueno.

- Éxodo 3.4—Un Dios de amor escucha los llantos de su pueblo en esclavitud y los rescata por medio del liderazgo de Moisés.

- Éxodo 20.6—En los Diez Mandamientos, Dios se describe como el que muestra amor inquebrantable a toda persona que lo ama.

• Salmos—Cincuenta de los salmos alaban a Dios por su amor inquebrantable. El salmo 136 cierra cada uno de sus veintisiete versículos con: «porque para siempre es su misericordia».

• Juan 3.16—Describe la venida de Cristo como una acción basada en el amor de Dios para el mundo.

• 1 Juan 4.8—Resume la existencia de Dios como amor.

Una vida de amor

Las personas no alcanzan una fe en Cristo por nuestros superiores argumentos teológicos. Vienen a la fe porque alguien se ha preocupado por ellas. Piensan: *Bueno, está bien tener dinero y un buen coche y una casa al lado de un lago, pero lo que realmente quiero saber es si alguien me toma en cuenta, si le preocupo a alguien.* Tenemos una necesidad profunda de amor incondicional. Necesitamos saber si nuestras vidas tienen significado y propósito. Necesitamos la gracia. Necesitamos sentir que todavía existe la posibilidad de un comenzar nuevo y fresco. Necesitamos saber que no estamos solos. Y necesitamos saber que en los momentos más oscuros de nuestra vida, hay siempre esperanza.

Dios es amor. Estamos diseñados para vivir una vida de amor, para amar a Dios con todo nuestro corazón y a nuestro prójimo como nos amamos a nosotros mismos. El amor no es algo sentimentaloide. Es una acción, una forma de poner las necesidades de la otra persona frente a las mías. Es preocuparse, querer bendecir y edificar y animar a otra persona. Es pensar qué es lo mejor para usted antes de pensar en lo que es mejor para mí.

Cuando los cristianos de verdad viven de esta manera en vez de juzgar y señalar con el dedo, el corazón más duro comienza a responder y el mundo cambia.

Adam Hamilton
Pastor principal
Iglesia Metodista Unida La Resurrección
Leawood, Kansas

Del DVD *El camino wesleyano* (solo disponible en inglés)

Hay muchos aspectos que se pueden decir sobre la naturaleza de Dios y su ser. Los filósofos y teólogos hablan a menudo de atributos y usan los siguentes adjetivos:

Omnipresente—Dios está en todo lugar.

Omnipotente—Dios es todopoderoso.

Omnisciente—Dios lo sabe todo.

Soberano—Dios reina en el universo.

Eterno—Dios siempre ha existido, nunca dejará de existir. No está sujeto al tiempo.

Sabio—Dios hace lo correcto.

Santo—Dios es absolutamente diferente y completamente justo.

Juan Wesley creía todos estos atributos, pero consideraba que el atributo divino más importante —de hecho, la misma definición de Dios— era el amor. Wesley escribió:

> A Dios se lo llama frecuentemente santo, justo, sabio; pero no una santidad, justicia o sabiduría en abstracto, porque se nos dice que él es amor, que éste es su atributo al reinar, el atributo que derrama una dulce gloria sobre todas sus demás perfecciones.[6]

Carlos Wesley expresó la misma línea de pensamiento en un tremendo himno, «Solo excelso, amor divino», escrito como una oración, donde declara el amor de Dios:

> Sólo excelso, amor divino,
> gozo, ven del cielo a nos;
> fija en nos tu hogar humilde,
> de fe danos rico don.
>
> Cristo, tú eres compasivo,
> puro y abundante amor;
> con tu salvación visita
> al contrito corazón.[7]

Dios es un Dios en tres personas

Cuando se consideran las Escrituras en su totalidad, tanto Antiguo como Nuevo Testamentos, y se forma un relato exhaustivo de la naturaleza y actividad divina, los wesleyanos creemos que Dios es amor.

La descripción de Dios como una Trinidad —un Dios en tres personas— no era totalmente clara hasta que Cristo vino. Había pistas en el Antiguo Testamento. En Génesis 1.26 Dios dice: «Hagamos al hombre a nuestra imagen, conforme a nuestra semejanza; y tenga potestad sobre los peces del mar, las aves de los cielos y las bestias, sobre toda la tierra y sobre todo animal que se arrastra sobre la tierra». El pronombre referido a Dios es indudablemente plural. En muchos otros lugares se hace referencia al Espíritu de Dios, incluyendo Salmos 139.7 que dice:« ¿A dónde me iré de tu espíritu? ¿Y a dónde huiré de tu presencia?».

Sin embargo, el punto crucial en el desarrollo del entendimiento humano de la Trinidad vino con la revelación de que Jesús es verdaderamente Dios. Esta revelación vino a los seguidores judíos de Jesús que conocían Deuteronomio 6.4 de memoria. Sabían que solamente hay un Dios, aun así, estaban convencidos que Jesús era también Dios. El Evangelio de Juan usa un término técnico de la filosofía griega para explicar cómo esto es posible. Los filósofos han dicho que había un *logos*, un verbo o palabra, que era parte de la naturaleza divina. Juan se atreve a hacer una declaración extraordinaria que distingue a los cristianos de otros creyentes de la unicidad de Dios: este Verbo se hizo carne y habitó entre nosotros.

Este Verbo se hizo carne y habitó entre nosotros.

La palabra trinidad no aparece en las Escrituras, pero como ya hemos visto, los componentes de esta doctrina están presentes. A la iglesia le costó por largo tiempo acertar con las palabras adecuadas para expresar lo que la Biblia enseñaba. En el año 325 d. C., un concilio de obispos reunidos en Nicea desarrolló el lenguaje de que Dios es un solo ser pero siempre ha existido en tres personas. La primera parte del Credo Niceno dice:

> Creemos en un solo Dios, Padre Todopoderoso, Creador del cielo y de la tierra, de todo lo visible y lo invisible.
>
> Creemos en un solo Señor, Jesucristo, Hijo único de Dios, nacido del Padre antes de todos los siglos: Dios de Dios, Luz de Luz, Dios verdadero de Dios verdadero, engendrado, no creado, de la misma naturaleza que el Padre, por quien todo fue hecho.[8]

Esta es la expresión definitiva de nuestro entendimiento de la naturaleza trina y tripartita de Dios. Hay un Dios que es el Padre, el Hijo y el Espíritu Santo. Examinemos esas tres partes y lo que las Escrituras dicen de ellas.

Dios llamó a Israel

El llamado de Dios a Israel comenzó con Abraham. Dios dijo a Abraham:

> «Vete de tu tierra, de tu parentela y de la casa de tu padre, a la tierra que te mostraré. Haré de ti una nación grande, te bendeciré, engrandeceré tu nombre y serás bendición. Bendeciré a los que te bendigan, y a los que te maldigan maldeciré; y serán benditas en ti todas las familias de la tierra».

Este llamado comenzó la relación especial que los descendientes de Abraham han compartido con Dios desde siempre. El hijo de Abraham, Isaac, tuvo un hijo llamado Jacob. Después de luchar con Dios en el río Jaboc, Jacob recibió el nombre de Israel y sus descendientes fueron llamados israelitas. Fueron a Egipto y vivieron allí muchos años, pero terminaron siendo esclavos de los egipcios.

El Éxodo de la esclavitud de Egipto fue un momento definitivo para los israelitas. La Pascua recuenta las acciones milagrosas de Dios para salvarlos: Dios se acordó de su pueblo y los sacó de la esclavitud en un viaje a su propia tierra.

En el monte Sinaí, Dios les dio la ley al pueblo de Israel y le mandó que la obedeciera. Para los judíos, la ley se contiene en los primeros cinco libros de la Biblia. Uno de los versículos más importantes es Deuteronomio 6.4-5 que dice: «Oye, Israel: Jehová, nuestro Dios, Jehová uno es. Amarás a Jehová, tu Dios, de todo tu corazón, de toda tu alma y con todas tus fuerzas».

A pesar del mal comportamiento de los israelitas durante muchas generaciones, Dios no se olvidó de ellos. Los rescató de la esclavitud en el Éxodo. Dios les dio una tierra de la que fluye leche y miel. Cuando adoraron a otros dioses, adoptando las prácticas de los pueblos vecinos, les envió profetas para recordarles que Dios desea que sean un pueblo santo.

> *A pesar del mal comportamiento de los israelitas, Dios no se olvidó de ellos.*

Parte de su santidad era adorar al Señor y solo a él. Otra faceta era cómo trataban a los pobres, especialmente a las viudas y huérfanos, que eran los más vulnerables. Los israelitas insistían que los extranjeros fueran recibidos y tratados justamente. Los profetas los mantuvieron enfocados en adorar a Dios y hacer justicia a todos. Algunos profetas también miraron hacia un futuro rey de Israel quien redimiría a su pueblo. Muchos pasajes de Isaías y Malaquías fueron interpretados más tarde como predicciones del Mesías.

La destrucción del Templo de Jerusalén y el subsecuente exilio del liderazgo a Babilonia fue otro momento definitivo en la relación de Israel con Dios. Debían aprender que Dios es realmente universal y no está limitado al Templo de Jerusalén o a la tierra de Israel. Algunos eruditos creen que este es el momento en el cual los judíos desarrollaron la adoración de Dios en las sinagogas. Cuando los babilonios fueron conquistados por los persas, a esos líderes de Israel se les permitió regresar a Jerusalén y construir un nuevo Templo.

Hasta los tiempos modernos, los judíos han sido gobernado por un imperio u otro. La esperanza de un Mesías que los liberara y gobernara sobre la nación aumentó con el tiempo.

Dios envió a su Hijo

Si alguna vez se ha preguntado por qué nos referimos a nuestros años como «A. D.», le interesará saber que son la abreviatura de las palabras latinas *anno domini* o «año de nuestro Señor». Esto es porque los cristianos creen que el nacimiento de Cristo es el punto pivote de toda la historia humana y, por tanto, el tiempo debe ser medido antes y después del nacimiento de Cristo.

Con el acaecimiento de este gran evento, los ángeles dijeron a los pastores: «No temáis, porque yo os doy nuevas de gran gozo, que será para todo el pueblo: que os ha nacido hoy, en la ciudad de David, un Salvador, que es Cristo el Señor» (Lucas 2.10-11). La palabra *cristo* en griego corresponde a *mesías* en hebreo y significa «ungido» y típicamente se refiere al ungimiento del Rey de Israel, como Samuel ungió a David en 1 Samuel 16.13. Los ángeles estaban diciendo a los pastores que un nuevo rey de Israel había nacido.

A través de sus milagros y enseñanzas, los discípulos de Jesús gradualmente llegaron a creer que él era, en efecto, el Mesías. Cuando Jesús les preguntó: «¿Quién decís que soy yo?». Simón Pedro respondió: «Tú eres el Cristo, el Hijo del Dios viviente». Jesús respondió: «Bienaventurado eres, Simón, hijo de Jonás, porque no te lo reveló carne ni sangre, sino mi Padre que está en los cielos» (Mateo 16.16-17). El Evangelio según Juan nos dice que Jesús dos veces afirma que él y el Padre son uno (Juan 10.30; 17.11). En los últimos versículos del Evangelio según Mateo, Jesús manda a los discípulos a bautizar «en el nombre del Padre, del Hijo y del Espíritu Santo» (Mateo 28.19).

Aunque las tres partes divinas son una, de alguna forma hay claramente una diferencia entre Dios el Padre y Jesús. En cuanto al tiempo cuando el mundo vendrá a su fin, Jesús declaró: «Pero del día y la hora nadie sabe, ni aun los ángeles de los cielos, sino sólo mi Padre» (Mateo 24.36). En el jardín de Getsemaní, justo antes de que fuera arrestado y crucificado, Jesús oró: «Padre mío, si es posible, pase de mí esta copa; pero no sea como yo quiero, sino como tú» (Mateo 26.39). Y mientras colgaba de la cruz gritó: «Dios mío, Dios mío, ¿por qué me has desamparado?» (Mateo 27.46). Estos tres textos claramente indican que Dios el Padre conoce aspectos y decreta eventos que no comparte con Jesús.

Los discípulos vieron al resurrecto Jesús el domingo de Pascua, entonces creyeron que la muerte y resurrección de Jesús cumplieron las profecías del Antiguo Testamento, particularmente la del siervo sufriente en Isaías 53.4-6:

> Ciertamente llevó él nuestras enfermedades y sufrió nuestros dolores, ¡pero nosotros lo tuvimos por azotado, como herido y afligido por Dios! Mas él fue herido por nuestras rebeliones, molido por nuestros pecados. Por darnos la paz, cayó sobre él el castigo, y por sus llagas fuimos nosotros curados. Todos nosotros nos descarriamos como ovejas, cada cual se apartó por su camino; mas Jehová cargó en él el pecado de todos nosotros.

Lucas narra cómo el Cristo resurrecto, el domingo de Pascua, se apareció a dos discípulos y explicó por qué el Mesías tenía que morir. Él se les reveló, entonces, en el partimiento del pan en Emaús (Lucas 24.25-31).

Dios envió el Espíritu Santo

Jesús prometió que, después de ascender al Padre, Dios no dejaría a los discípulos huérfanos. Dios enviaría otro consolador. Jesús dijo: «Y yo rogaré al Padre y os dará otro

Consolador, para que esté con vosotros para siempre: el Espíritu de verdad, al cual el mundo no puede recibir, porque no lo ve ni lo conoce; pero vosotros lo conocéis, porque vive con vosotros y estará en vosotros» (Juan 14.16-17). El libro de Hechos presenta a Jesús haciendo una promesa similar justo antes de la ascensión, que los discípulos recibirían poder cuando el Espíritu Santo descendiera sobre ellos. La promesa se cumplió en el día de Pentecostés cuando el Espíritu Santo fue entregado a los discípulos (Hechos 1-2).

Recibir el Espíritu Santo era una señal de que Dios continuaba empoderando a los discípulos para que pudieran ser testigos del Cristo resucitado. Cuando los gentiles recibieron el Espíritu Santo, Pedro se inclinó a declarar que incluso ellos pueden ser discípulos de Cristo sin tener que seguir las pautas ceremoniales de la ley del Antiguo Testamento. Esta fue una cuestión de conflicto, si los gentiles debían ser judíos primero antes de ser cristianos. En Hechos 15 los líderes se reunieron en un concilio en Jerusalén y debatieron la cuestión. Cuando concluyó, enviaron una carta a las comunidades cristianas que decía: «…ha parecido bien al Espíritu Santo y a nosotros no imponeros ninguna carga más que estas cosas necesarias» (Hechos 15.28). Los wesleyanos creemos que el Espíritu Santo continua estando presente en la iglesia hoy día. Cada vez que predico, justo antes del sermón, oro: «Dios Todopoderoso, te damos gracias por la presencia del Espíritu Santo en este lugar, pues confiamos en tu promesa de que donde dos o tres están reunidos, allí estás también tú». Entonces, pido que se den a la congragación ojos, oídos, manos y pies para saber de esa presencia de Dios y poder hacer su voluntad. Creemos que el Espíritu Santo se experimenta de formas variadas. Algunos wesleyanos adoran dentro de la tradición pentecostal con música alta, sanidades, hablando en lenguas, gritando «Amén» y «Aleluya» y otras expresiones apasionadas de la fe. Otros experimentan al Espíritu como un «silbo apacible», como hizo el profeta Elías (1 Reyes 19.12).

Dios no es varón

Por toda la Biblia se hace referencia a Dios como «él» cuando un pronombre ha de usarse. El hebreo antiguo, arameo y griego, además de las lenguas modernas, carecen de un pronombre que clarifique que la persona a la que uno se refiere pueda ser cualquiera de los géneros. Por el dominio masculino en las culturas en las que las Escrituras fueron escritas, se ha referido a Dios usando imágenes y palabras predominantemente masculinas.

Esas personas que siguen el camino wesleyano, como muchos teólogos, coinciden en que Dios no es de género masculino ni femenino y que llamar a Dios «Padre» o «él» es primordialmente una manera de enfatizar la naturaleza personal de Dios y no su género. Por tanto, muchas personas que son sensibles al lenguaje inclusivo se esfuerzan por evitar toda referencia masculina de Dios. El resultado es, en cierto aspecto, más exacto en su trato de Dios. Al mismo tiempo, este tratamiento más preciso se distancia del lenguaje que Cristo usó para hablar de la primera persona de la Trinidad. Otras veces crea dificultades lingüísticas.

Muchos cristianos han respondido añadiendo imágenes de Dios como madre basándose en textos bíblicos. El himno «Alabad al Señor omnipotente», en su versión en inglés, añade una cuarta estrofa que hace referencias a Dios con imágenes femeninas:

Alabad al Señor que nutre tu vida y te restaura,
te ayuda en las tareas que ha preparado ante ti.
Cuando tienes necesidad, Dios como una madre se apresura
extendiendo sus alas de gracia sobre ti.[9]

Este himno nos transporta claramente al lamento de Jesús sobre Jerusalén, cuando él dice: «¡Jerusalén, Jerusalén, que matas a los profetas y apedreas a los que te son enviados! ¡Cuántas veces quise juntar a tus hijos como la gallina junta sus polluelos debajo de las alas, pero no quisiste!» (Mateo 23.37).

Dios es amor

La venida del Cristo para nacer como Jesús de Nazaret fue la más alta y mejor expresión de la naturaleza esencial de Dios. Dios es amor. El amor de Dios se expresaba en la relación entre las personas de la Trinidad antes de la creación. La creación del universo fue un acto de amor. Cuando Israel se rebeló, como una mujer infiel de acuerdo con el profeta Oseas, Dios no se dio por vencido. Cristo mostró su perdón, como al recaudador de impuestos Zaqueo.

Parte del ministerio de Jesús era formar una nueva comunidad de creyentes. Esas personas que creyeron en él como el Mesías fueron traídos a una relación nueva con Dios el Padre. el ministerio de Cristo era una iniciativa que cruzaba fronteras y que alcanzó a esas persona de la comunidad judía que habían sido dejadas de lado —leprosos, mujeres, recaudadores de impuestos— además de a los gentiles como el centurión romano cuya hija sanó. Jesús amaba a todos.

Cuando el Espíritu Santo reveló a Pedro que los gentiles pueden ser incluidos en la comunidad de discípulos sin que se hicieran judíos primeramente, era una revelación más dentro de la línea de lo que Jesús había hecho. Juan lo dijo claramente: «De tal manera amó Dios al mundo, que ha dado a su Hijo unigénito, para que todo aquel que en él cree no se pierda, sino que tenga vida eterna» (Juan 3.16).

Dios llama a la iglesia a amar

Hemos visto que la naturaleza íntima de Dios es amor. Dios ama al mundo y llama a todos los seres humanos a amarlo a él y a su prójimo. Cuando somos bautizados, somos bautizados dentro de Cristo, dentro de un cuerpo. Una metáfora neotestamentaria clave de la iglesia es que es el cuerpo de Cristo. Por tanto, si Dios es amor, y Cristo es dios, entonces la iglesia es el amor de Cristo incorporado en el mundo. En su mejor calidad, la iglesia es un lugar donde el Espíritu Santo está presente. Muestra el amor de Dios en su vida diaria a través de sus palabras y acciones. Es una comunidad de amor.

Las primeras generaciones de cristianos eran conocidas como una comunidad que practicaba el amor sacrificado. En una carta al emperador Adriano, un cristiano llamado Arístides describe la comunidad de esta manera:

> No hay falsedad entre ellos. Ellos se aman unos a otros. Ellos no descuidan a la viuda. Los huérfanos los rescatan de aquéllos que son crueles con ellos. Cualquiera de ellos que posee algo, lo da no de mala gana a quien no tiene. Si ellos miran algún extraño viajero, ellos lo traen bajo su tedio.[10]

Cuando su comportamiento es óptimo, la iglesia continua haciendo estas obras hoy día. Miles de iglesias alimentan al pobre, acogen al extranjero y ayudan a esas personas que sufren desastres naturales.

Aun así, la iglesia está compuesta de seres humanos que son pecadores. Estamos más que familiarizados con las maneras en las que nos quedamos cortos de dar forma realmente al amor de Dios. Sin embargo, amar y actuar en ese amor siguen siendo el propósito de la iglesia y el llamado de Dios

«¡Oh Creador, en quien vivimos!»

Carlos Wesley escribió este himno siguiendo un modelo trinitario, alabando a Dios por todo lo que ha hecho. Nos invita a alabar a Dios especialmente por las muchas formas que él ha bendecido a su creación.

¡Oh Creador, en quien vivimos,
en quien somos y nos movemos:
recibe gloria, poder y alabanza
por tu amor creador!

Que la multitud de ángeles
dé gracias a Dios en las alturas,
mientras la tierra repite el gozoso canto
y lo envía el cielo como un eco.

Divinidad encarnada:
que toda la raza rescatada
te rinda su vida en gratitud
por tu gracia redentora.

La gracia se reveló a los pecadores,
proclaman los coros celestiales,
y claman: «¡Salvación a nuestro Dios,
salvación al Cordero!».

Espíritu de Santidad:
que todos tus santos adoren
tu energía sagrada, y bendigan
tu poder que renueva el corazón.

Las lenguas de los ángeles no pueden relatar
la altura de tu amor ni su éxtasis,
ni el indescriptible gozo glorioso,
ni la visión beatífica.

Dios eterno, en tres personas:
que todas las huestes en lo alto
y que todo el mundo aquí en la tierra
canten de tu amor y moren en él.

Cuando los cielos y la tierra desaparezcan
delante de tu glorioso rostro,
que todos los santos canten de tu amor,
y te ofrezcan eterna alabanza.[11]

3.

Es un buen mundo con problemas

El universo está repleto de vistas bellas y maravillosas. Desde las galaxias que el telescopio Hubble ha revelado a las increíbles formas de la vida microscópica, de la belleza de la pradera a las majestuosas montañas cubiertas por la nieve, de los magníficos leones y elefantes al cariño gentil de un perrito —el mundo como lo conocemos es una creación buena.

Uno de los argumentos filosóficos más fuertes de la existencia de Dios es llamado el argumento por diseño —que tal magnífico universo con toda su complejidad, belleza y detalle ha debido de ser planeado por un ser supremo. Génesis nos da dos relatos de esa creación y dice que Dios fue su creador. En el capítulo 1, Dios crea el universo en seis días. Seis veces declara Dios que la creación es buena.

Por muchos años ahora, los wesleyanos se han conformado con las teorías científicas modernas de evolución y cambio geológico, y al mismo tiempo han aceptado la verdad de las Escrituras. El camino wesleyano es fiel a las Escrituras al centrarse en tres mensajes principales de Génesis 1.

El primer mensaje es que Dios es el creador, y que él creó de la nada. La física moderna postula un «big bang» que dio inicio al universo pero no tiene información de qué causó el proceso creativo. La fe cristiana dice que Dios causó el *big bang*. La referencia antigua de los seis días era una metáfora que dispuso el fundamento para observar el día santo del *Sabbat*.

El segundo mensaje es que la creación es buena. Dios sabía lo que hacía, y los cristianos deben aceptar que todo lo que Dios ha creado que tiene su lugar correspondiente es su plan providencial. Las décadas recientes han visto el uso más frecuente del término científico ecología que describe sistemas interrelacionados que constituyen el mundo natural e incluye a los seres humanos como parte de este complejo

> *Seis veces declara Dios que la creación es buena.*

sistema. El impacto de los seres humanos sobre la atmósfera y agua por polución y la emisión de carbono ha levantado gran preocupación en cuanto a proteger el medio ambiente. Tales preocupaciones ambientales están claramente relacionadas con la preocupación divina por su creación. El amor de Dios por el mundo no es solamente por la humanidad, sino por todas las criaturas.

Hemos sido creados a la imagen de Dios—¡Todos!

El tercer mensaje principal de Génesis 1 es el lugar especial que los seres humanos ocupan en la creación divina. De acuerdo con la Biblia, la humanidad ha sido creada a la imagen de Dios.

> Entonces dijo Dios: «Hagamos al hombre a nuestra imagen, conforme a nuestra semejanza; y tenga potestad sobre los peces del mar, las aves de los cielos y las bestias, sobre toda la tierra y sobre todo animal que se arrastra sobre la tierra». Y creó Dios al hombre a su imagen, a imagen de Dios lo creó; varón y hembra los creó. (Génesis 1.26-27)

Un aspecto importante a notar en este texto es que ambos, varón y mujer, son creados a la imagen de Dios, lo que señala de nuevo que Dios fue más allá del género.

Cuando los wesleyanos discutimos la humanidad, hablamos de tres diferentes formas en las que hemos sido creados en la imagen de Dios. La primera, como Dios, somos un espíritu. Hay esas personas que desean tratar a la humanidad como seres intrínsicamente vinculados a los otros animales, pero el cristianismo la coloca justo debajo de Dios. Salmos 8.3-9 expresa esta antropología de forma maravillosa:

> Cuando veo tus cielos, obra de tus dedos, la luna y las estrellas que tú formaste, digo: «¿Qué es el hombre para que tengas de él memoria, y el hijo del hombre para que lo visites?». Lo has hecho poco menor que los ángeles y lo coronaste de gloria y de honra. Lo hiciste señorear sobre las obras de tus manos; todo lo pusiste debajo de sus pies: ovejas y bueyes, todo ello, y asimismo las bestias del campo, las aves del cielo y los peces del mar; todo cuanto pasa por los senderos del mar! ¡Jehová, Señor nuestro, cuán grande es tu nombre en toda la tierra!

Por tanto, aunque los seres humanos comparten muchas características físicas con los animales, somos primordialmente espíritus como Dios.

La segunda manera en la que somos creados a la imagen de Dios también se expresa en Salmos 8 y Génesis 1. Dios dio a los seres humanos dominio sobre la tierra y sus criaturas. ¡Esta es una responsabilidad tremenda! Conforme nuestro número ha aumentado, nuestro impacto sobre la tierra ha aumentado y no siempre para mejorarla. Tenemos la oportunidad de hacer nuestra tarea de cuidar por el mundo que Dios ama mejor, y nuestra acciones como cristianos debe tener en cuenta los asuntos del medio ambiente. Seamos responsables.

El tercer, y más importante, aspecto de haber sido creados a la imagen de Dios es que somos capaces de amar. Dios es amor, y hemos sido creados con el propósito de amar a Dios y a nuestro prójimo como a nosotros mismos. Cuando mejor nos comportamos como seres humanos es cuando amamos a Dios y unos a otros.

Una importante nota al margen es que acabamos de contestar una de las preguntas claves con las que empezamos este estudio. Al principio del capítulo primero preguntamos: «¿Tiene la vida humana un propósito?» El camino wesleyano responde que sí, que vivimos de la manera que Dios quería que viviéramos. Vivimos una existencia de amor.

Las manos y los pies de Cristo

El cristianismo es más que una experiencia del domingo por la mañana. Consiste en ser las manos y los pies de Cristo cada día, cada semana. Sea por medio de construir casas para los pobres o de limpiar un parque comunitario, las personas quieren ser parte de un movimiento que ayude a otras personas y estar con otras en los tiempos difíciles.

Lo que me motiva es la experiencia de haber crecido en mi pueblo. Al salir de casa, mi abuela vivía a la izquierda, mi tía abuela y tío a la derecha. Al lado de ellos vivía una persona mayor, el señor Jorge, que nació en 1899 y que vivió hasta que yo fui a la universidad. En frente de él, pasábamos por la casa del señor Pedro cuando íbamos en bicicleta. Así era la vida que experimenté criándome en mi pueblo.

Tuve gran admiración por esas personas. Puede que no tuvieran todos los recursos y lujos, pero tenían un gran carácter y ética de trabajo y querían asegurarse que los demás tuvieran los recursos que debían estar disponibles para todas las personas.

Algunos dirían que si soy el primero, soy el mejor. Pero en la comunidad de fe, el mejor es el que sirve mejor. Todos hemos sido creados a la imagen de Dios, y todos tenemos el amor de Dios y un salvador llamado Cristo. Y la manera como tratamos a los demás muestra cuán seriamente tomamos nuestra fe y nuestro caminar con Jesucristo.

Olu Brown
Pastor titular
Impact United Methodist Church
Atlanta, Georgia

Del DVD *El camino wesleyano* (solo disponible en inglés)

Derechos humanos, diversidad y justicia medio ambiental

Si los seres humanos hemos sido creados a la imagen de Dios, entonces toda persona tiene valor delante de Dios. El Antiguo Testamento demandaba del pueblo de Dios que cuidaran de los pobres, especialmente de las viudas y huérfanos que eran los más vulnerables de la sociedad, y que debían recibir al extranjero y al extraño dentro de sus comunidades.

Nuestro cuidado por los pobres se ha desarrollado en un compromiso en cuanto a derechos humanos y la dignidad humana, incluyendo nuestro compromiso creciente a los derechos de las mujeres, quienes frecuentemente han sido sujeto de discriminación y tratamiento desigual. Incluso, partes de la Biblia que marcaban la cultura de ese tiempo en el cual fueron escritas han sido usadas para violar el principio básico de que toda persona es creada a la imagen de Dios.

Un ejemplo de nuestro compromiso con los derechos humanos es la lucha en contra de la esclavitud. Aunque muchas culturas han practicado la esclavitud, fueron los europeos quienes desarrollaron una teoría integral de superioridad racial que afirmaba justificar la esclavitud de las personas negras. Para los blancos que se establecían en el continente de Norteamérica, había fuertes incentivos económicos para esta clase de abuso. Comenzando en el siglo VIII, voces cristianas se levantaron en protesta que decían que estas personas también tenían almas humanas y que merecían un mejor trato. En la última carta de Juan Wesley dirigida a William Wilberforce, un miembro del parlamento inglés, que le instaba a luchar contra la esclavitud hasta el final, la describía como: «...abominable villanía, la cual es el escándalo de la religión, de Inglaterra, y de la naturaleza humana».[12] Cuando los miembros del Congreso de los Estados Unidos adoptaron la Declaración de Indepencia en 1776, establecieron un principio basado en la enseñanza cristiana pero expresado con terminología del período de la Edad de la Ilustración en cuanto a derechos humanos: «Sostenemos como evidentes estas verdades: que los hombres son creados iguales». La profunda contradicción filosófica entre tal declaración audaz, con fundamento bíblico, y la práctica de la esclavitud y sus efectos en la segregación y discriminación atormentarán a los Estados Unidos por siglos.

Además de los derechos humanos, estamos comprometidos con la diversidad. Evidentemente, Dios no quería que todos los seres humanos fueran idénticos. No somos clones. En vez, hay diferentes razas, lenguas, costumbres y otras características humanas. Aun así, creemos que todos hemos sido creados a la imagen de Dios. Este compromiso con la diversidad y la inclusividad del propósito divino se expresa en todas las Escrituras. Filipenses 2 dice que «para que en el nombre de Jesús se doble toda rodilla de los que están en los cielos, en la tierra y debajo de la tierra; y toda lengua confiese que Jesucristo es el Señor, para gloria de Dios Padre» (Filipenses 2.10-11). Este pasaje ha propulsado a los cristianos a la actividad misionera por todo el mundo, para cumplir con el mandamiento de ser «testigos en Jerusalén, en toda Judea, en Samaria y hasta lo último de la tierra» (Hechos 1.8).

Los cristianos tienen también un compromiso contundente con la justicia medio ambiental. Salmos 24.1-2 dice: «De Jehová es la tierra y su plenitud, el mundo y los que en él habitan, porque él la fundó sobre los mares y la afirmó sobre los ríos». Expresamos este compromiso como una mayordomía. Los mayordomos no poseen la propiedad que cuidan; pertenece a otra persona. Su trabajo consiste en usarla de acuerdo con los propósitos del dueño y preservarla hasta que este regrese. Durante siglos, algunos cristianos han enseñado que dominio significa que podemos hacer uso de la naturaleza para nuestros propios designios. Ahora que la población mundial es tan numerosa y contamos con tecnología muy avanzada, nuestras responsabilidades han aumentado. Debemos apartarnos de nuestros errores pasados de abusar el mundo natural y aprender a cuidar mejor de la creación de Dios. Limitar la contaminación, preservar la biodiversidad, reducir las emisiones de CO_2 y cuidar a los animales son partes importantes de la mayordomía cristiana.

Tenemos un problema—el pecado es real

A pesar de nuestro compromiso con los derechos humanos, diversidad y justicia medio ambiental, a menudo, no vivimos de esta forma. La creación es buena, y la intención de Dios es que lo amemos a él y a nuestro prójimo, pero en práctica, normalmente y a veces de forma espectacular, nos desviamos de ese plan de Dios. Tenemos un problema. Somos pecadores.

Génesis muestra a la humanidad como profundamente dañada desde el principio. Sea que creamos que Adán y Eva fueran realmente personas que existieron en la antigüedad o que la historia de su desobediencia sea una representación metafórica de toda la humanidad, este relato es fundamental en la enseñanza cristiana en cuanto al pecado. Dios mandó a Adán que no comiera del árbol del conocimiento del bien y del mal. La serpiente tentó a Eva y ella sucumbió, a pesar de saber que no debía. Entonces, ofreció el fruto a Adán y este hizo lo que ya él sabía que era violación de la regla de Dios.

Nosotros llamamos a esta acción «pecado original» porque es fundamental a la naturaleza humana. Todos los seres humanos son pecadores. Salmos 51 expresa la profunda confesión de pecado de David tras cometer adulterio con Betsabé, y dice en el versículo 5: «En maldad he sido formado y en pecado me concibió mi madre».

El pecado es una enfermedad

A veces los cristianos hablamos de la humanidad como si el pecado fuera toda la historia. No lo es. Los cristianos wesleyanos parten de la verdad fundamental de que hemos sido creados a la imagen de Dios. El pecado es como una enfermedad que distorsiona esa imagen y la hace inferior de lo que debería ser.

Nuestra creencia en la bondad humana y en el pecado humano es una característica de la enseñanza wesleyana. Ocupamos un centro extremo. Nos oponemos a la idea de que los seres humanos seamos indefectiblemente buenos y hagamos siempre lo correcto si se nos da la oportunidad, pero también rechazamos la idea de que la humanidad no tiene remedio. Reconocemos el problema serio del pecado humano, pero nos sentimos optimistas en cuanto al poder de la gracia divina.

A través de la Biblia aparecen normas estrictas para vivir una vida de amor.

En la época de Juan Wesley, muchos cristianos creían que los seres humanos eran completamente depravados. Pero algunos argumentaban que «completamente» significaba que no quedaba nada en absoluto bueno en la humanidad. La perspectiva wesleyana era declarar que «completamente» significaba que el pecado ha infectado cada parte de la naturaleza humana, y no hay nada que no haya sido infectado por esa enfermedad.

Si somos honestos con nosotros mismos y consideramos seriamente los mandamientos dados en las Escrituras, empezaremos a darnos cuenta de la extensión de esta enfermedad en nuestras vidas. En el Sermón del Monte, Jesús tomó varios mandamientos del Antiguo Testamento y los reconfiguró y elevó a un nuevo y más alto nivel de compromiso espiritual. En uno de estos enseñó:

«Oísteis que fue dicho: "Amarás a tu prójimo y odiarás a tu enemigo." Pero yo os digo: Amad a vuestros enemigos, bendecid a los que os maldicen, haced bien a los que os odian y orad por los que os ultrajan y os persiguen, para que seáis hijos de vuestro Padre que está en los cielos, que hace salir su sol sobre malos y buenos y llover sobre justos e injustos. Si amáis a los que os aman, ¿qué recompensa tendréis? ¿No hacen también lo mismo los publicanos? Y si saludáis a vuestros hermanos solamente, ¿qué hacéis de más? ¿No hacen también así los gentiles?» (Mateo 5.43-47).

A través de la Biblia aparecen normas estrictas para vivir una vida de amor. Cuando quebrantamos estas normas, nos separamos de Dios, y nos causamos problemas, también a nuestra familia, nuestra comunidad, nuestra nación y al mundo.

Podríamos escribir una lista larga de pecados que destruyen la calidad de la vida humana. Las guerras y la violencia de los gobiernos se han cobrado muchas vidas durante los últimos cien años. Dos guerras mundiales que involucraron la mayoría de las naciones del mundo y acabaron con las vidas de millones de personas. Desde entonces, los conflictos regionales han resultado muy costosos. Algunos gobiernos han practicado el genocidio contra su propia gente, mayormente Camboya, Ruanda y la antigua Yugoslavia. Políticas severas en Rusia y China han resultado en la muerte de millones por la acción del gobierno.

La disparidad entre la pobreza y la riqueza continúa destruyendo la calidad de la vida humana. Millones de personas sufren de malnutrición, mientras que otras en otras partes del mundo satisfacen el consumismo notorio y derrochador. Demasiadas personas siguen sufriendo de enfermedades prevenibles como la malaria. El abuso de drogas, los robos, asesinatos, violaciones, racismo, sexismo, pornografía e inmoralidad sexual son práctica común en todas las partes del mundo. Cuando los wesleyanos hablan de pecado, no carecen de ejemplos.

En una ocasión enseñé una clase de escuela dominical para adultos sin haber preparado la lección. Era la última sesión con esa clase antes de iniciar mi nombramiento como pastor titular de una iglesia local. La clase se componía de adultos blancos y de clase media alta. Comencé la lección notando que tendría que preparar sermones cada semana por los siguientes varios años, y les pregunté: «¿De qué debería predicar?» Ellos contestaron: «Sobre el pecado». Cuando indagué sobre qué pecados debería predicar, la clase nombró el asesinato, el hurto y otros crímenes mayores similares. Me quedé mirando a las personas en la sala y me di cuenta que ninguna de esas persona había con seguridad cometido ninguno de esos pecados. Así que me pasé el resto de la lección hablando sobre el racismo, sexismo, avaricia, ignorar al pobre, adulterio, ir demasiado rápido por la carretera y otros pecados con los que muchos de nosotros podemos identificarnos.

Cuando consideramos el pecado con la misma importancia que lo hace la Biblia, nos hacemos más humildes. Nos damos cuenta de que somos defectuosos y hemos quebrantado las leyes divinas. Pablo escribe:

> Por eso eres inexcusable, hombre, tú que juzgas, quienquiera que seas, porque al juzgar a otro, te condenas a ti mismo, pues tú, que juzgas, haces lo mismo. Pero sabemos que el juicio de Dios contra los que practican tales cosas es según la verdad. Y tú, hombre, que juzgas a los que hacen tales cosas y haces lo mismo, ¿piensas que escaparás del juicio de Dios? (Romanos 2.1-3)

Jesús procuró cultivar esta actitud de humildad en esas personas a la que enseñaba. Aunque Jesús tenía mucho en común con los fariseos, los usaba a menudo como ejemplos de personas «santurronas» que no conocían su propia necesidad de Dios. Jesús contó esta historia:

> «Dos hombres subieron al Templo a orar: uno era fariseo y el otro publicano. El fariseo, puesto en pie, oraba consigo mismo de esta manera: "Dios, te doy gracias porque no soy como los otros hombres: ladrones, injustos, adúlteros, ni aun como este publicano; ayuno dos veces a la semana, diezmo de todo lo que gano". Pero el publicano, estando lejos, no quería ni aun alzar los ojos al cielo, sino que se golpeaba el pecho, diciendo: "Dios, sé propicio a mí, pecador". Os digo que éste descendió a su casa justificado antes que el otro, porque cualquiera que se enaltece será humillado y el que se humilla será enaltecido» (Lucas 18.10-14).

En nuestra pecaminosidad, los seres humanos buscamos justificarnos a nosotros mismos. Seguir a Jesucristo implica centrarnos en nuestros propios pecados primeramente, y ser realistas en cuanto a la manera que el pecado ha infectado nuestro pensamiento, palabras y hechos.

La salvación es la cura

Si todos los seres humanos somos pecadores, ¿qué debemos hacer? ¿Cómo podemos curar la enfermedad del pecado?

Los wesleyanos enseñamos que Dios está en la tarea de salvar a los pecadores. La gracia divina tiene el poder de terminar con nuestra desobediencia y moldear nuestros corazones de acuerdo con los propósitos que Dios tiene para nosotros. Sin embargo, Dios no nos obliga a tomar la cura. La gracia se ofrece a todos y está disponible si aceptamos este don y lo usamos. Juan Wesley dijo:

Ninguna persona carece completamente de lo que comúnmente llamamos «conciencia natural». En realidad, no se trata de algo natural, y el término más apropiado es «gracia anticipante». Esta gracia no depende de la iniciativa humana, y toda persona la posee en menor o mayor grado.[13]

La gracia de Dios de forma activa nos ayuda a enfrentar el problema del pecado en nuestra vida. Para algunas personas, enfrentar el pecado significa aprender que Dios las ama sin importar lo que hayan hecho. Para otras, conlleva reconocer el pecado en sus vidas y la necesidad de enfrentarlo.

Recuerdo el día que me di cuenta de que tenía un problema de ira. Aprendí de mi padre como tratar con el enfado, guardándolo dentro de mí, sin expresar mis sentimiento de un incidente a otro. Finalmente, algo encendía mi ira y yo explotaba. Ese día, mi hija hizo algo mal y tenía que corregirla. En vez de una reprimenda medida y apropiada, respondí gritándole por lo menos durante un minuto. La vi sobresaltada y echándose hacia atrás, con una expresión de miedo en la cara. Me di cuenta de que me había excedido.

Acudí a mi reunión con mi grupo de la Caminata de Emaús y confesé mi desobediencia a Cristo. Le dije al grupo que este no era un incidente aislado; tenía un problema con la ira. Muchos de ellos admitieron tener el mismo problema. Con el tiempo, la gracia divina me ha ayudado a mejorar. Pablo enseña que dos de los frutos del Espíritu son paciencia y bondad. Ahora soy más paciente y bondadoso de lo que era antes. Pero, ¡Dios continúa su obra en mí!

El camino wesleyano es una travesía en la que la gracia divina obra en nosotros para superar el poder del pecado en nuestras vidas y llegar a ser las personas que Dios había previsto que fuéramos.

La iglesia es una comunidad contracultural

La iglesia de Jesucristo está llena de pecadores. Demasiado a menudo se desempeña no por la presencia de Cristo sino más bien por su naturaleza pecaminosa. Una de las cualidades destacables de las cartas que se encuentran en el Nuevo Testamento es su contenido honesto, sacando todo a la luz, de la iglesia primitiva. La iglesia de Corinto estaba dividida de muchas maneras. Una división se centraba en la persona que había bautizado diferentes miembros de la iglesia. Otra división era que algunas personas de la comunidad miraban con desprecio a otras por no tener los dones espirituales que consideraban apropiados. También había división entre los ricos y los pobres. Pero Corinto no era la única iglesia del Nuevo Testamento con problemas. El libro de Apocalipsis contiene cartas a siete iglesias, cada una de las cuales tenía sus diferencias. Parece que el que la iglesia se quede corta en su llamamiento no es una situación nueva.

Nos ayuda recordar que a pesar de lo anterior, cuando funciona bien, la iglesia ofrece un destello contracultural del cielo. Puede ser y es un medio de gracia, con la gracia divina claramente presente que la infección del pecado es sanada en todas sus manifestaciones.

En un mundo de tribalismo, donde las personas pueden no ser invitadas a pertenecer a un grupo, la iglesia proclama que todas son bienvenidas. En un mundo donde el racismo es la norma, la iglesia enseña que Cristo murió por todas las personas y que Dios ama a todos. Cuando rendimos al máximo, las congregaciones y denominaciones están formadas por individuos de múltiples razas, nacionalidades, grupos lingüísticos y clases sociales. Cuando funcionamos bien, incorporamos la diversidad humana.

El movimiento wesleyano se extendió en la mayoría de los países del mundo. Los wesleyanos hablan francés, ruso, suajili, tagalo, español, vietnamés, alemán y, también, inglés y muchas otras lenguas. Somos un grupo diverso que comparte una perspectiva común de creencias cristianas y misión.

Con todo, no hemos vivido íntegramente esta diversidad global. La tensiones amenazan nuestra unidad, nacionalmente y globalmente. Una iglesia wesleyana adoptó lo que describe nuestras aspiraciones de unidad y diversidad:

Pactando con Dios y unos con otros:

Afirmamos nuestra unidad en Cristo y determinamos fielmente vivir de acuerdo con lo que conlleva ser una iglesia mundial en misión para la transformación del mundo.

Nos comprometemos a cruzar las fronteras del idioma, cultura y estatus social o económico. Nos comprometemos a estar en ministerio con todas las personas, como nosotros, en fidelidad con el evangelio, buscamos crecer en mutuo amor y confianza.

Participamos en la misión divina como compañeros en ministerio, y reconocemos que los dones, experiencias y recursos que Dios nos ha otorgado tienen el mismo valor ya sean espirituales, financieros o misionales.

Nos comprometemos a equidad y responsabilidad total en nuestras relaciones, estructuras y responsabilidades de la denominación.

Nos adentramos renovados a una relación de mutualidad, creando un nuevo sentido de comunidad y practicando con gozo nuestra conexión mundial en nuestra misión para hacer discípulos de Jesucristo para la transformación del mundo.[14]

También somos contraculturales al proclamar el valor integral de cada individuo. En toda sociedad humana, las personas forman jerarquías que asignan determinado valor. A menudo, los individuos son evaluados de acuerdo con las escalas de poder, riqueza, belleza, educación, raza o nacionalidad. Tal discriminación le hace difícil a las personas alcanzar el potencial que les ha otorgado Dios. Cuando la iglesia actúa como debe, los cristianos comparten con las personas el mensaje del evangelio:

- No importa cuán bello o atractivo sea, Dios le ama.

- No importa cuánto dinero tenga, usted puede hacer grandes cosas para Dios al usar lo que usted ya tiene.

- No importa la raza o cultura en la que nació, la familia humana se enriquezerá por sus contribuciones.

- No importa el grado de su educación, sus ideas y pasión por ayudar a otras personas, usted puede tener una influencia decisiva en el mundo.

Cuando la iglesia incorpora completa y finalmente el plan de Dios de una familia humana multicultural, multinacional, multirracial, multilingüe, podemos abrazar todos los dones y posibilidades que Dios dispone para nosotros. Esto conlleva reconocer los dones que Dios ha establecido para la iglesia y cuán lejos hemos caído de ellos. Pero lo bueno es que la gracia de Dios siempre está presente y nos invita a dar la vuelta a nuestras vidas y dirigirnos a Cristo. El arrepentimiento es un paso crucial en el camino wesleyano de la salvación.

«Evidencias del perdón de Dios»

Carlos Wesley experimentó su conversión tres días antes de que su hermano Juan la experimentara en Aldersgate. Carlos sabía que no merecía el amor de Dios y que debía cambiar la dirección de su vida. Este himno expresa su reconocimiento de que, a veces, el arrepentimiento se presenta cuando alguien que ya está en el camino de la salvación toma un desvío y necesita regresar al buen camino. Se tituló originalmente «Después de recaer en el pecado».

¿Podrá el pecador
acaso aquí saber
si le perdona el Santo Dios,
si suyo ha vuelto a ser?

Lo que el Señor nos dio
queremos proclamar:
las evidencias del perdón
y de su libertad.

En Cristo, el Salvador
creímos, y en su cruz
halló el inquieto corazón
descanso, paz y luz.

Su Espíritu nos da
los dones del Señor
riquezas puras de verdad,
que brotan de su amor.[15]

4.

Dele la vuelta a su vida con gracia

Todos tenemos problemas. Todos tenemos asuntos a los que debemos enfrentarnos. Todos somos pecadores.

El pecado es quebrantar la ley de Dios. Nuestro pecado nos separa de Dios, rompe nuestras relaciones con otras personas, y hace del mundo un desastre. Si aceptamos la idea de que el pecado es una enfermedad, entonces todos tenemos partes enfermas en nuestras vidas que requieren sanidad. ¿Cómo alcanzamos esta sanidad?

Las buenas noticias son que Dios nos ama y está intentando sanarnos. No merecemos tal amor —es un don que fluye desde la mera naturaleza de Dios como nuestro amoroso Creador. El amor activo de Dios que busca moldear nuestras vidas se llama gracia.

Somos creados a la imagen de Dios.

Los cristianos wesleyanos creen que la gracia de Dios dirige a los seres humanos del quebrantamiento a la madurez del pecado a la perfección. Ese sendero es el camino de la salvación. Sin embargo, Dios no nos obliga a realizar este viaje. Somos creados a la imagen de Dios, y esto incluye nuestro libre albedrío.

En Génesis 3, Dios pone a Adán y a Eva en el jardín con unas pocas reglas y la habilidad de obedecer o desobedecerlas. Dios no creó máquinas programadas para que le obedecieran. Desde el principio, hemos tenido la habilidad de aceptar o rechazar.

De la misma forma, Dios ofrece el poder para sanarnos, pero no nos fuerza a la sanidad. Dios nos permite decir no a su don de amor. Su gracia es resistible. Y aun, cuando aceptamos esa gracia y permitimos que Dios moldee nuestros corazones, mentes y vidas, cosas maravillosas suceden.

John Newton escribió un himno que captura su experiencia.

Sublime Gracia del Señor
que a un infeliz salvó
Fui ciego mas hoy veo yo,
perdido y él me halló.[16]

Newton escribía sobre su propia experiencia de salvación. Él había sido capitán de un barco británico que navegaba a África y América y de vuelta a Gran Bretaña. Una parte de su viaje consistía en el transporte de esclavos a América. Cuando escribió las palabras «que a mí pecador salvó», Newton reconocía su pecado.

Gracia preveniente: La gracia que viene antes

Este viaje de gracia comienza antes de que tengamos consciencia de él. Dios es amor, y el amor de Dios incluye a todo el mundo (Juan 3.16). Salmos 139 subraya la omnipresencia de Dios y su compromiso con todo ser humano: «Si tomara las alas del alba y habitara en el extremo del mar, aun allí me guiará tu mano y me asistirá tu diestra» (vv. 9-10). El salmo también nos habla del compromiso de Dios incluso antes de que hubiéramos nacido: «Tú formaste mis entrañas; me hiciste en el vientre de mi madre» (v. 13).

Juan Wesley cree firmemente que cada ser humano es recipiente de la gracia de Dios incluso antes de que sea consciente de su existencia. La palabra preveniente no es familiar hoy día, pero nos ayuda a describir la obra de Dios en nuestras vidas. En latín, *pre* quiere decir «antes» y *veni* significa «por venir», así la gracia preveniente es el amor de Dios que viene a nuestras vidas antes de ser conscientes de este amor. Muchos cristianos pueden señalar las maneras en las que Dios les ha estado dando empujoncitos hacia la vida cristiana. Para algunos, fue la invitación de un amigo o una amiga. Para otros, la suave voz interior que les dijo: «Hay algo más en la vida aparte de lo que ya he hallado». Para un pastor que comparte su historia, fue su abuela que oraba a los pies de su cama cuando se iba a dormir.

Las personas responden a esos codazos divinos de formas variadas. Muchas ignoran esos avisos y continúan su vida tal cual. Otras, a veces tras años de ser incitados, finalmente deciden hacer algo al respecto. Comienzan a buscar a Dios, pero, a menudo, no perciben que es Dios y la fe en él la razón por la que buscan. San Agustín, obispo y teólogo del siglo v, lo expresó de la siguiente manera: «Nuestro corazón está inquieto, hasta que descanse en ti».[17]

A veces, la fe nos sorprende y más tarde nos damos cuenta de que Dios tiene algo en mente mucho más grande y mejor de lo que nosotros percibimos al principio. Recuerdo vívidamente el día que mi padre recibió una llamada de teléfono a nuestra casa en Greencastle, Indiana, de una amiga de toda la vida, May Titus. May le dijo: «Jameson, buscamos jóvenes de escuela secundaria que quisieran servir en un equipo misionero de fondo para el servicio de jóvenes este verano. La posición que tenemos disponible es con el ministerio en los suburbios de Tampa, en Florida. ¿Sabes de alguien que estaría interesado?». Mi padre cubrió el micrófono del teléfono y se giró a mí mientras me sentaba en las escaleras. «Hijo, ¿quieres ir a Florida este verano?».

Hubiera hecho lo que fuera posible para salir de mi pueblo durante el verano, así que inmediatamente respondí que sí. Durante ese verano de 1969, me hospedé en una casa de vivienda pública, subsidiada por el gobierno. Era un consejero en un campamento. Llevaba a niños a la piscina y les ayudaba dándoles oportunidades que de otra

---

Lo pecaminoso y lo sagrado

E. Stanley Jones escribe algo maravilloso en uno de sus libros. Él dice que no quebramos los Diez Mandamientos; nos quebrantamos a nosotros mismos en esos mandamientos. El pecado es lo que nosotros nos hacemos a nosotros mismos. Nos quebrantamos a nosotros mismos en los mandamientos de Dios, y a Dios se le rompe el corazón cuando nos deja ir.

Nuestra pecaminosidad es parte de nuestra realidad, pero nuestra consagración es también parte de esa realidad. Uno de los aspectos que me atraen de ser wesleyano es que creemos que la imagen de Dios ha sido dañada pero no destruida por el pecado. Y, por tanto, los seres humanos somos una mezcla de aquello que es bello y sagrado, y eso que es pecaminoso, egoista y desagradable. Somos santos y pecadores, y si la iglesia es el lugar donde las personas pueden reclamar esa realidad, serán atraidas a ella como las virutas de hierro a un imán, como las polillas al fuego.

Mi propia experiencia como pastor me ha enseñado que muchas personas vienen a la iglesia para esconderse y pretender que todo va bien. Cuando dejamos de escondernos, cuando en vez de malgastar el dolor seguimos nuestro dolor, entonces, Dios puede usarlo para sanarnos y sanar a otras personas y al mundo.

Nuestro peregrinaje de fe no es una línea recta. La gracia no es algo que experimentamos una sola vez. La gracia es lo que nos salva, lo que nos mantiene a salvo, lo que nos santifica. Es lo que nos hace crecer a la imagen de Cristo. Y la gracia nos transportará finalmente a nuestra plenitud de vida en la eternidad.

Olu Brown
Pastor principal
Impact United Methodist Church
Atlanta, Georgia

Del DVD *El camino wesleyano* (solo disponible en inglés)

manera no hubieran tenido. Asistí a mi primera manifestación en protesta de la guerra del Vietnam. Ese verano cambió mi vida, porque me di cuenta que la iglesia era una forma de cambiar el mundo.

Cuatro años más tarde me encontraba trabajando a tiempo completo para la Iglesia Metodista Unida y su concilio nacional de jóvenes, pero no estaba asistiendo a la iglesia, no tenía fe en Cristo. Un día, estaba haciendo dedo por el noreste de Tennessee, y un conductor de camión paró y nos recogió a mi amigo y a mí. Las siguientes dos horas el conductor nos habló de su fe en Cristo. No recuerdo su nombre ni mucho de su historia. Pero lo que si recuerdo es que él asistía a la Iglesia Adventista del Séptimo Día. Lo que también recuerdo con más firmeza es bajarme de su camión y pensar para mí mismo: Quiero la clase de fe que tiene este hombre. Creo que esa experiencia fue la gracia preveniente divina obrando en mí.

Esa conversación inició un viaje de cuatro años en los que busqué una relación con Cristo. Durante este caminar, hubo otros momentos en los que la gracia divina me impactó. Transité por caminos sin salida en los que no encontré lo que buscaba. Se dieron ocasiones en las que se me otorgó gracia por medio de libros que recibí de amigos. Dios seguía invitándome a una relación con él.

Cuando pensamos en compartir nuestra fe con otras personas (tema que discutiremos en el capítulo 7 del libro), es importante recordar que, por la gracia preveniente, no llevaremos a Cristo en dónde Cristo ya no haya estado presente. Cristo siempre busca una relación con nosotros. Cristo siempre va detrás de nosotros cuando nos encontramos lejos de él. Entender esto nos puede traer gran humildad al compartir la fe y puede liberarnos para que nos preguntemos en cualquier situación sobre lo que Dios hace y lo que ya ha hecho.

La gracia es la gracia

Cuando los wesleyanos hablamos de la gracia de Dios, a veces nos limitamos a las nociones determinadas por las experiencias de otras personas con la gracia y de cómo cambió sus vidas. La gracia preveniente empieza su obra en nosotros antes de que nos demos cuenta. La gracia convincente nos ayuda a cambiar nuestro modo de vida. La gracia justificadora nos acepta como parte de la familia de Dios. Y la gracia santificadora cambia nuestros corazones, mentes y comportamientos para ser más santos. Cuando nos centramos en tales distinciones, a veces, cometemos el error de imaginar que estos tipos de gracia son independientes.

Este no es el caso. La gracia es la gracia. Solo hay una gracia divina. Solo hay un amor de Dios que se preocupa por nosotros y nos ofrece la salvación. La gracia es esa dádiva que no merecemos, ofrecida sin precio por quien Dios es y por lo que Cristo ha hecho por nosotros.

Piense en las personas que lo aman y en lo que hacen por usted. Podría poner su comportamiento en categorías que le podrían ayudar a usted a distinguir las formas en las que ellas se preocupan por usted y que han afectado su vida. Aun así, la abrumadora realidad es que ellas lo aman y le han dado lo que necesitaba en el momento adecuado.

El amor de Dios es igual. Cuando no sabía lo que necesitaba, Dios me ayudó a entender lo que me hacía falta. Cuando estaba listo para emprender la búsqueda, Dios me mostró un poco de lo que yo podría hacer algún día. En cada paso de mi peregrinaje, Dios me alentaba a dar el siguiente paso, y con todo, su invitación siempre estaba a la par del lugar donde me encontraba yo en ese momento.

Dios nunca para de amarnos, y la gracia de Dios continua obrando en nuestras vidas. Por eso, a pesar de haber sido un cristiano durante varias décadas, sigo creciendo en mi fe, mi esperanza y mi amor por Dios y por mi prójimo. La gracia de Dios me sigue ayudando activamente a ser un mejor discípulo de Jesucristo.

La gracia es resistible

La gracia se entiende mejor si se la ve como una invitación. No es coercitiva. Dios no obliga a nadie a seguir el camino del discipulado. De hecho, la invitación es amar «con todo tu corazón, con toda tu alma y con toda tu mente» (Mateo 22.37). El amor requiere que escojamos darnos a otros libremente.

Una parte crucial del camino wesleyano es la convicción de que todos los aspectos de la gracia divina son resistibles. Dios creó a los seres humanos a su propia imagen con la capacidad para amar unos a otros y a Dios. Esto requiere la libertad para amar o retener ese amor. Por tanto, la gracia de Dios puede ser resistida. La oferta de salvación por parte de Dios puede rechazarse. A pesar de las ofertas e invitaciones divinas, los seres humanos pueden decir que no. Dios solloza cuando los seres humanos rechazan su oferta de salvación, pero Dios nos ama lo suficiente para dejar que rechacemos esta invitación.

Cuando algunos cristianos piensan en Dios, ponen gran énfasis en el poder de Dios y su control sobre el universo y todas sus criaturas. Los wesleyanos creen que Dios es soberano y, en última instancia, está en control. Sabemos que si Dios dispone algo, entonces puede hacer que se realice para que su plan se cumpla. Algunos cristianos, basándose en unos pocos versículos de la Biblia, creen que Dios ha decidido desde la formación del mundo qué seres humanos han de salvarse y quiénes no. Creen que Dios determinó su destino con antelación, y que algunos fueron predestinados para la salvación y otros predestinados para la condenación. Desde este punto de vista la gracia es irresistible: si Dios escoge otorgarte la gracia, no tienes otra opción sino decir que sí.

Quienes siguen el camino wesleyano creen que Dios les ofrece a todas las personas su gracia y la oportunidad genuina de la salvación. El poder soberano de Dios se manifiesta en ofrecer la salvación a cada ser humano. Esta doctrina, denominada redención universal, se basa en la idea de que Cristo murió por todo el mundo y que cada persona tiene la oportunidad de salvación. Carlos Wesley lo expresó de la siguiente manera en «Venid, pecadores, a la fiesta del evangelio»:

> Venid, pecadores, a la fiesta del evangelio;
> que cada alma sea huésped de Jesús.
> Ninguno de ustedes ha de ser excluido,
> pues Dios ha invitado a toda la humanidad.[18]

Al acentuar el amor como el atributo más importante de Dios, creemos que Dios ha escogido libremente limitar su propio poder para que los seres humanos puedan amarle libremente o rechazarlo.

La gracia es un don que Dios ofrece a cada individuo. Imagínense a Cristo acercándose a nosotros, extendiendo sus brazos para abrazarnos. Entonces, Cristo se detiene y espera a que nosotros aceptemos ese abrazo. La invitación es clara. Cristo da el primer paso hacia nosotros. Aun así, a nadie se le obliga a aceptarlo. Solo cuando nos inclinamos para aceptar la relación ofrecida, esta ocurre.

Dios nos ama lo suficiente como para permitirnos rechazar su amor. Parte del misterio de la humanidad es el no saber por qué las personas escogen la oscuridad en vez de la luz, odio en vez de amor, pecado en vez de santidad y la separación de Dios en vez de la salvación. Pero así son las personas.

La gracia convincente

En la segunda estrofa de *Sublime Gracia*, John Newton declara claramente: «Su gracia me enseñó a temer». Una de las formas principales en las que Dios nos ama es convencernos de que lo necesitamos.

Si el pecado es una enfermedad que desfigura la imagen de Dios en nosotros, entonces la gracia convincente es el diagnóstico que nos dice lo que nos pasa. Todos los seres humanos somos pecadores, y todos tenemos problemas a los que debemos enfrentarnos. Parte de nuestro pecado es que somos expertos en ignorar nuestros problemas y en poner excusas por nuestras faltas. La gracia convincente no da una descripción clara de cuáles son nuestros problemas cuando los comparamos con las expectativas de Dios para nosotros.

La cuestión se plantea a veces cuando las personas no se dan cuenta de cual es el problema. Pueden percibir vagamente que la vida es menos de lo que debería ser, o pueden estar enfrentándose a una crisis en la cual todo eso que valoran está siendo destruido y apartado de sus vidas. La analogía médica es un dolor poco intenso, pero persistente. Se agudiza con el tiempo y eventualmente la persona se da cuenta que se interpone en su habilidad para funcionar. Aun así, no está segura de cuál es el problema. Por lo tanto, va al doctor y le describe los síntomas. El doctor sabe cuál es la apariencia de un cuerpo sano. Su examen consiste en pruebas y escuchar sus experiencias. Si uno de sus órganos se ha engrandado, o parte de su cuerpo se encuentra inflamada, o encuentra obstrucciones, le podrá decir de qué se trata. A menudo hay una manera de curar su problema y la doctora le indicará como puede recobrar su salud.

Nuestra relación con Dios es encontrar un tratamiento para nuestras almas. Estamos enfermos, pero podemos ser tratados para encontrar sanidad cuando escuchamos el diagnóstico de Dios de cuál es el problema. Solamente entonces es cuando un tratamiento puede ser prescrito. La gracia convincente nos muestra la imagen de lo que la vida debería de ser, y podemos ver entonces dónde nos hemos quedado cortos.

La ley divina

En las Escrituras, Dios ha marcado la regla para nuestra salud espiritual al darnos mandamientos que describen la forma ideal de vivir. Estos se nos dan en los primeros cinco libros de la Biblia, a los cuales los judíos llaman «la ley». Los wesleyanos dividen las leyes divinas en dos categorías generales: las leyes ceremoniales y las leyes morales.

> *La ley moral proporciona una guía sobre lo que está bien y lo que está mal.*

Dios dio leyes ceremoniales al pueblo de Israel mucho antes del tiempo de Cristo. Muchas veces las personas leen Levítico, Números y otras partes del Antiguo Testamento y ven que algunas de estas leyes ceremoniales ya no tienen sentido. Una de las más importantes en el mundo judío del primer siglo era la ley en cuanto a la circuncisión, que se aplica a todos los niños varones judíos. Levítico 12.3 dice de un niño varón: «Al octavo día se circuncidará al niño». También se incluían algunas leyes dietéticas que decían que algunas comidas, como el cerdo y los moluscos, no debían consumirse.

Cuando el movimiento cristiano predicó el evangelio a los gentiles, las personas que no eran judías, se planteó una pregunta. Algunos gentiles creyeron en Jesús como su Señor y Salvador, y recibieron el Espíritu Santo. Fueron bautizados. Pero ¿se les permitía ser cristianos? ¿Debían hacerse judíos practicantes antes de que pudieran ser cristianos? ¿Seguiría el cristianismo siendo un subgrupo dentro del judaísmo? La cuestión, en otras palabras, era si las leyes del Antiguo Testamento, incluyendo su leyes ceremoniales, se aplicarían a los nuevos conversos gentiles.

Pedro recibió una revelación de Dios que se describe en Hechos 10. Después, Pedro escuchó el testimonio de Cornelio, un centurión romano, sobre su experiencia con el Espíritu Santo. Pedro quedó convencido de que los gentiles, también, podían ser parte de la comunidad cristiana. En Hechos 15, los líderes de la comunidad cristiana se reunieron en un concilio para discernir la intención de Dios con este nuevo desarrollo. Desde entonces, los cristianos han enseñado que la ley moral del Antiguo Testamento sigue vigente para todos los cristianos, pero las leyes ceremoniales y civiles se han quedado atrás. Además, el Nuevo Testamento ha clarificado algunos de los mandamientos del Antiguo Testamento y ha añadido algunos nuevos sobre cómo vivir una vida cristiana. Juntos se les denomina la ley moral.

La ley moral funciona de tres maneras importantes para los cristianos. Primeramente, nos convence de nuestro pecado. Por ejemplo, cuando Cristo declara: «Amad a vuestro enemigos y orad por los que os ultrajan» (Mateo 5.44), entendemos que el odio que podamos guardar en nuestros corazones por esas personas que nos han hecho daño es pecado. En segundo lugar, la ley moral nos ayuda a hacer la transición de una vida de pecado a una vida de seguir a Jesús. En tercer lugar, la ley moral sirve como una guía para el resto de nuestras vidas como cristianos. Incluso, después de iniciar nuestro caminar en el discipulado, seguimos batallando con las partes pecaminosas de nuestras vidas, y la ley moral nos otorga la dirección sobre lo que está bien y lo que está mal.

Los wesleyanos ven la ley moral y el evangelio como dos lados de la misma moneda. Al pensar en la ley moral, recuerdo una anécdota de dos adolescentes. Uno estaba frustrado y celoso porque se le impusieron reglas de cuándo tenía que estar en casa y las actividades que tenía que desarrollar, mientras que su amigo no tenía tales limitaciones. Al escuchar las quejas en cuanto a estas reglas, su amigo, con una perspectiva fabulosa a pesar de ser adolescente, replicó: «Me encantaría que mis padres me amaran lo suficiente y me pusieran reglas». Dios nos ama tanto que nos ha dado las pautas que debemos seguir para vivir vidas felices y llenas.

Gracia justificadora

El siguiente paso por el cual la gracia divina nos dirige es la justificación. Sucede en ese punto de nuestro peregrinaje cristiano donde aceptamos una nueva identidad, haciéndonos discípulos de Jesús. Si el camino de la salvación es como una casa, entonces, la gracia convincente es el pórtico, donde nos proponemos entrar, y la gracia justificante es la entrada por la que pasamos al interior.

Es el lugar donde respondemos a la pregunta, «¿Quién soy?». Para cada uno de nosotros, la mejor respuesta viene al describir nuestras relaciones. Soy el hijo de Jameson y Bonnie, el marido de Mary Lou, el padre de Jameson, Marynell y Arthur. Pero hay una manera más profunda e importante de responder la pregunta.

Esta pregunta sobre la identidad está en la médula de todas las religiones, y cada una ofrece una respuesta diferente. El cristianismo enseña que Dios es el creador de todos los seres humanos, y que este Dios amante ha extendido una invitación a cada persona para llegar a ser sus hijos. Y alcanzamos esto al aceptar a Jesús como nuestro Señor y Salvador y al seguir su camino de la salvación. Con esta aceptación, prometemos dejar nuestra vida vieja detrás y comenzar una nueva vida en Cristo.

Es importante entender que no hacemos nada para ganar este don de la nueva vida, Dios nos lo ofrece por medio de la gracia. Efesios 2.8-9 lo dice claramente: «porque por gracia sois salvos por medio de la fe; y esto no de vosotros, pues es don de Dios. No por obras, para que nadie se gloríe». No hacemos nada para adquirir esta nueva identidad. Todo lo que debemos hacer es aceptarla.

Nuestra aceptación se llama fe. Fe, a veces, se traduce del griego como creer, como en Juan 3.16: «De tal manera amó Dios al mundo, que ha dado a su Hijo unigénito, para que todo aquel que en él cree no se pierda, sino que tenga vida eterna». Aquí «cree» es simplemente una forma verbal procedente de la palabra «fe».

Fe tiene un componente intelectual. Pues es difícil tener fe en un Dios que creemos que no existe. Pero la fe es mucho más. Juan Wesley dijo que la fe incluye aceptar que Dios se ha revelado en las Escrituras.

Fe también tiene el componente de la confianza. Conlleva depender de Dios, reconocer que somos criaturas de Dios y que dependemos de Dios. Se utilizan muchas metáforas en la Biblia para describir quién es Dios en relación a nosotros. Jesús llamó a Dios Padre, y es la manera con la que nos referimos a Dios a menudo. Pero las Escrituras también se refieren a Dios como creador, rey, madre, señor y redentor. Cuando tenemos fe en Dios, establecemos nuestra dependencia en él.

Los wesleyanos también hablan de la fe, además de creer y confiar, como algo que tiene un sentido espiritual. Hebreos 11.1 dice: «Es, pues, la fe la certeza de lo que se espera, la convicción de lo que no se ve». Es como si viéramos el mundo desde una perspectiva diferente a la que teníamos antes de venir a la fe. Vemos a las otras personas bajo un nuevo prisma, y percibimos toda la creación en relación al propósito creador de Dios.

Cuando somos justificados, nos convertimos. Para muchas personas, la conversión es un momento decisivo y poderoso, en el que pueden decir que vinieron a la fe y, finalmente, creyeron. Juan Wesley describió esta conversión de la siguiente manera: «Sentí un extraño ardor en mi corazón». El himno de Carlos Wesley nos dice: «¡Cayeron mis cadenas, vi mi libertad, me levanté, fui adelante y te seguí!».[19] Muchos cristianos han descrito esta experiencia como nacer de nuevo y pueden recordar el momento y lugar donde sucedió.

En mi propia experiencia, ocurrió en más de cuatro años después de mi encuentro con el camionero. Todo ese tiempo busqué una experiencia de conversión instantánea y poderosa y nunca sucedió. Finalmente, me di cuenta una tarde durante un tiempo de oración que en algún momento el año anterior me había convertido en cristiano. Fue una travesía, no un momento determinado. Ya estaba en el camino de la salvación.

La iglesia con el corazón, la mente y las puertas abiertas

El Nuevo Testamento declara claramente que la intención de Dios es salvar a todo ser humano. Cristo murió por los pecados de todo el mundo, y Dios ofrece su gracia a todos. Los wesleyanos creemos en la gracia universal. Por lo que si Dios ama a todas las personas, ¿a quiénes deben de amar los cristianos? Los wesleyanos creemos que debemos amar a quienes Dios ama, es decir, a todas las personas.

Por tanto, si conoce a alguien que no es un discípulo de Jesús, ¿qué deberá hacer? Creo firmemente que amar a alguien significa ofrecerse a compartir con esa persona lo que usted tiene para suplir sus necesidades. Creemos que todas las personas necesitan al Señor. Pero, ¿cómo van a hallar las personas una relación salvífica con Cristo sino no se las comparte alguien?

Creo que todo cristiano es llamado a compartir su fe con cada persona no cristiana que conozcan. Compartimos nuestra fe con ellas porque las amamos. Esto es el evangelismo wesleyano, para dejar saber las buenas nuevas que hemos hallado.

Robert Schnase, en su libro *Cinco prácticas de congregaciones fructíferas* (Nashville: Abingdon Press, 2009), acentuó que los cristianos deben estar comprometidos a la hospitalidad radical. El evangelismo debe ser hospitalario. La parte radical significa llevar el gozo que hemos hallado en Cristo y compartirlo con otros.

Así la iglesia, como comunidad de personas que han encontrado el camino de la salvación, se convierte en el medio de la gracia divina y deberá ser el lugar donde las personas experimenten esa gracia más plenamente. Debemos abrir nuestros corazones para que así podamos amar a las personas que todavía no hemos conocido. Debemos tener mentes abiertas para así iniciar conversaciones con ellas y conocer sus preguntas y desafíos. Debemos tener las puertas abiertas para que así otras personas puedan entrar y hallar la fe, la esperanza y el amor que Dios nos ofrece.

Dios en su sabiduría escogió edificar una iglesia como su instrumento principal para salvar al mundo. Nuestra misión es ser usados por Dios en el proceso de hacer discípulos para la transformación del mundo. Parte del mecanismo para esta transformación es compartir con las personas sobre la relación que Dios nos ofrece. No importan los problemas que una persona pueda tener, los pecados que haya cometido o cuán lejos de Dios se haya desviado, es posible dar la vuelta y ser un discípulo de Jesús.

«¿Cómo en su sangre pudo haber?»

Carlos Wesley expresa la historia de su conversión con las palabras impactantes de este himno.

¿Cómo en su sangre pudo haber
tanta ventura para mí,
si yo sus penas agravé
y de su muerte causa fui?
¿Hay maravilla cual su amor,
morir por mí con tal dolor?
¿Hay maravilla cual su amor,
morir por mí con tal dolor?

¡Hondo misterio! ¡El Inmortal
hacerse hombre y sucumbir!
En vano intenta sondear
tanto prodigio el querubín.
Mentes excelsas, ¡no inquirid!,
y al Dios y Hombre bendecid.

Mentes excelsas, ¡no inquirid!,
y al Dios y Hombre bendecid.
Nada retiene al descender
sino su amor y deidad.
Todo lo entrega: gloria, prez,
corona, trono, majestad.
Ver redimidos es su afán,
los tristes hijos de Adán.
Ver redimidos es su afán,
los tristes hijos de Adán.

Mi alma, atada en la prisión,
anhela redención y paz.
De pronto vierte sobre mí
la luz radiante de su faz.
Cayeron mis cadenas; vi
mi libertad, y te seguí.
Cayeron mis cadenas; vi
mi libertad, y te seguí.

¡Jesús es mío! Vivo en él,
no temo ya condenación.
Él es mi todo: paz, salud,
justicia, luz y redención.

Me guarda el trono eternal,
por él, corona celestial.
Me guarda el trono eternal,
por él, corona celestial.[20]

5.

No estamos solos

Hace años, participé en un grupo de desarrollo de liderazgo que fue a un circuito de cuerdas altas. El ejercicio más temerario fue subirse a un poste de teléfono de nueve metros. Se nos pedía que escaláramos hasta arriba, nos pusiéramos de pie y, después, saltar para asir la barra del trapecio que estaba a un metro y medio de distancia. Lo hice y sobreviví sin ningún daño. Pero ¿Por qué hice tal cosa? Esta actividad parecía en sí ridícula, una locura y bastante tonta.

Ascendí a ese poste de teléfono por tres razones. Primeramente, los líderes de mi grupo esperaban que todos lo hiciéramos. Tiendo a ser leal a las personas que me guían. En segundo lugar, una de las mujeres del grupo fue primero y completó el desafío con éxito. Mi joven ego masculino no me permitía hacer menos que una mujer. Y, en tercer lugar y más importante, toda persona que realizó el salto llevaba un arnés con una cuerda que tensaban dos hombres corpulentos desde abajo. Sí, por alguna razón, fallaba para agarrar el trapecio, me hubieran sujetado en el aire y descendido con suavidad al suelo.

El camino de la salvación que describimos en capítulos anteriores es aterrador. Si se lo toma en serio, puede parecer abrumador. Cuando nos damos cuenta de la profundidad de nuestros problemas, a menudo nos damos por vencidos y decimos que simplemente no podemos cambiar y, por lo tanto, no merece la pena intentarlo.

A veces, los problemas son intelectuales. Junto con Tomás, el discípulo de Jesús, tenemos multitud de preguntas y queremos respuestas. ¿Realmente resucitó Jesús? ¿Cómo es posible?

A veces, los problemas son de comportamiento. Cuando las personas son adictas al alcohol, drogas, sexo e inician un programa de doce pasos, comienzan con el reconocimiento de que de alguna forma no tienen control sobre su adicción.

> *El camino de la salvación que describimos en capítulos anteriores es aterrador.*

Otras veces los problemas son de actitud. Si nos hemos criado en una comunidad racista o sexista, ¿cómo podremos aceptar a mujeres y personas de color como seres humanos y de igual valor que a otras personas?

Seguir a Jesús parece bastante duro. Dios espera demasiado de nosotros. Si realmente entendemos lo que Dios espera de nosotros, que lo amemos a él con todo nuestro corazón, mente, alma y fuerza, y que amemos a nuestro prójimo como a nosotros mismos, y que el discipulado implica sacrificio para poder realmente seguirlo, ¿por qué debe uno siquiera probarlo? Jesús enseña: «Si alguno quiere venir en pos de mí, niéguese así mismo, tome su cruz cada día y sígame. Todo el que quiera salvar su vida, la perderá; y todo el que pierda su vida por causa de mí, éste la salvará» (Lucas 9.23-24).

¿Por qué razón tomará alguien la cruz? ¿Por qué razón decidirá alguien seguir a Jesús? ¿Por qué decidirá alguien ser un discípulo?

La respuesta es la gracia. No estamos solos. No tenemos que realizar este peregrinaje por nosotros mismos. Dios viene con nosotros. Somos compañeros en esta travesía.

El primer compañero es Dios, es la persona del Espíritu Santo. El Espíritu es Dios presente con nosotros siempre, dándonos la gracia que necesitamos para realizar lo que Dios nos ha llamado hacer. La gracia es como el arnés que me protege cuando subo el poste de teléfonos. El Espíritu Santo nos mantiene a salvo. En una de las declaraciones de adoración usadas hace muchos años, la congragación repetía una afirmación de fe importante: «En la vida y en la muerte, en la vida más allá de la muerte, Dios está con nosotros. No estamos solos. ¡A Dios demos gracias!» Hay un sentido tremendo de misterio en esta declaración. Dios es poderoso y podría forzarnos a ser lo que él quisiera. Pero Dios es amor, y desea que lo amemos y escojamos libremente seguir el camino de la salvación.

Hay otro compañero en esta travesía. Cuando salté desde el poste, estaba siguiendo lo que otras personas ya habían hecho. Mi grupo me animaba, me hacían saber que tenían confianza en que yo podía realizar el salto. La iglesia de Jesucristo es igual. No somos la primera generación de cristianos, y sospecho que no seremos la última. Todas esas personas que lo han sido antes que nosotros forman los que el libro de Hebreos llama una «gran nube de testigos». Imagino esta nube de testigos como las personas a los lados, en las aceras, durante un maratón. Ellas ya han terminado la carrera y nos animan conforme «corremos con paciencia la carrera que tenemos por delante» (Hebreos 12.1-2).

El Espíritu Santo y los medios de gracia

Los nuevos cristianos, y otras personas que exploran el camino de la salvación, se podrán hacer una pregunta práctica: «Si Dios realmente intenta salvarnos, ¿cómo nos conectamos con esta gracia que menciona usted? ¿Cuál es el impacto real de la presencia del Espíritu Santo?».

Juan Wesley planteó la misma pregunta. Sabía que Dios es amor y que está activo en la tarea de salvar a las personas. También sabía que Dios ha mandado ciertas prácticas para que las personas las sigan, y creía que estos mandamientos fueron dados por Dios para nuestra salvación. Son prácticas que nos otorgan gracia divina.

Cristo mismo

Cuando Jesús habla de perder la vida, este concepto puede adquirir muchas formas diferentes. Para algunos de nosotros, es simplemente dejar ir a nuestro pasado. Para algunas personas, implica perdonarse a sí mismas. Para otras, dejar la adicción. Para otras, dejar ir las dinámicas destructivas. Lo que realmente significa es ir tras algo tanto como soltar algo. Negarse a sí mismo, sí, pero no centrarnos en lo que perdemos sino en lo que ganamos en Cristo.

Cuando lo invitamos, Dios viene. Cuando lo invitamos, el Espíritu Santo viene. Jesús es claro cuando dice que orará y el Padre nos enviará un consolador. El Padre nos enviará una ayuda, y es el Espíritu Santo.

Cuando miramos al bautismo, cuando miramos a la Santa Comunión, como parte de la iglesia, como parte de la adoración, como parte de un grupo pequeño, no es el grupo pequeño el que cambia su vida. No es el siervo. No es el predicador. Es realmente Cristo mismo.

Una vez que haya admitido a Cristo como su compañero constante, resulta un gozo tener a Cristo con nosotros en los momentos grandiosos, pero también en los difíciles. He visto cientos de miembros de iglesias que se han acercado desde situaciones de miedo, lugares de adicción, lugares donde se encontraban perdidos, y cuando aceptan a Cristo son diferentes. Cambian, y sus vidas ya no son las mismas.

No implica que la vida resultará más fácil. No implica que escaparemos de todo lo malo. Pero el gozo que tenemos como cristianos es que Cristo es nuestro compañero. No estamos solos. Él pasará por ello con nosotros.

Jessica Moffatt Seay
Pastora principal
Primera Iglesia Metodista Unida
Ardmore, Oklahoma

Del DVD *El camino wesleyano* (solo disponible en inglés)

Es importante resaltar que Wesley, como la mayoría de los cristianos, creía que Dios ofrece su gracia de formas muy variadas. Por ejemplo, las personas se conectan con Dios por medio de la belleza de la naturaleza, y a veces Dios otorga a estas personas y a otras una revelación especial fuera de los canales normales.

Pero, también, es importante reconocer los canales normales. estos medios de gracia son por los que Dios ha prometido estar presente con la humanidad y conectarse con ella.

La misma iglesia es un medio de gracia. Jesús dijo al líder de los discípulos: «Y yo también te digo que tú eres Pedro, y sobre esta roca edificaré mi iglesia, y las puertas del Hades no la dominarán» (Mateo 16.18). Jesús prometió: «Porque donde están dos o tres congregados en mi nombre, allí estoy yo en medio de ellos» (Mateo 18.20). Jesús prometió antes de su muerte que después de que se fuera, Dios mandaría otro consolador para tomar su lugar y no dejaría a sus discípulos huérfanos. Hechos 2 describe la presencia poderosa de ese consolador, el Espíritu Santo, presente en Pentecostés unos cincuenta días después de la resurrección de Cristo, en lo que se ha descrito como el nacimiento de la iglesia.

Entre los medios de gracia que la iglesia proporciona están las prácticas santas que Dios nos ha encomendado usar. Cinco de estas son mandamientos: bautismo, Santa Cena, las Escrituras, oración y la adoración. Aun siendo estos medios de gracia, los dos primeros son sacramentos por su lugar de importancia que tienen en la vida cristiana. Pero la totalidad de ellos son formas en las que los cristianos se mantienen enamorados de Dios.

Para los wesleyanos, hay dos sacramentos. Los Católicos Romanos y otros cuentan más, pero los cristianos wesleyanos junto con otros protestantes, reconocen solo la Santa Comunión y el bautismo. Estos sacramentos son manifestaciones exteriores de una gracia interna y espiritual divinamente ofrecida. Dios no está limitado a los sacramentos para realizar su obra, pero son medios confiables por los cuales Dios ha prometido conectarse con esas personas que fielmente participan de ellos.

Bautismo y conversión

El bautismo es el sacramento con el cual Dios nos lava de nuestros pecados y nos acepta en la familia de Dios. El agua es un medio simbólico para mostrar que hemos sido limpiados y perdonados de nuestra separación de Dios. Con el bautismo, somos marcados como discípulos y nos convertimos en cristianos. Los wesleyanos creemos que con el bautismo, Dios toca nuestras vidas de una manera especial. Una vez bautizados, pasamos a ser miembros del cuerpo de Cristo, la iglesia.

Desde el siglo XVI, los cristianos han discrepado en quién puede ser bautizado y cuánta agua debe de utilizarse. Desde los primeros días del movimiento cristiano (nadie sabe con certeza cuando, pero por lo menos desde el siglo II), los infantes eran bautizados por la iglesia. Porque creemos que todos los seres humanos son pecadores, los infantes necesitan ser limpios, también. Aun más importante, Jesús tenía consideración especial por los niños y dijo: «Dejad a los niños venir a mí y no se lo impidáis, porque de los tales es el reino de los cielos» (Mateo 19.14). Manteniendo las tradiciones cristianas antiguas, los cristianos wesleyanos bautizan a sus bebés.

Cuando los infantes son bautizados, toda la congregación promete ayudar a los padres cristianos en la crianza de su fe. Los jovencitos necesitan aprender a leer la Biblia, adorar y recibir el sacramento de la Santa Comunión. Dicho de otra manera, estos deben de participar en los medios de gracia a través de la vida de la iglesia. Más tarde la iglesia ofrece una serie de clases y actividades, llamadas confirmación, para profundizar en su entendimiento de la fe. Al final de ellas, los jóvenes deciden si quieren aceptar la gracia ofrecida en el bautismo y hacer un compromiso personal con Cristo, haciéndose miembros profesos y plenos de la iglesia.

Una persona puede ser bautizada a cualquier edad. En muchas iglesias, las clases de confirmación incluirán personas jóvenes que nunca antes han sido bautizadas. Para ellos la decisión de seguir a Jesús como discípulos incluirá el sacramento del bautismo.

Hay personas que vienen a la fe como adultos. Pueden haberse convertido en reuniones de avivamiento, en un grupo de estudio bíblico, o por conversaciones con amigos. Han decidido hacer a un lado una vida pecaminosa y seguir a Dios. Aceptar a Jesús como Señor y Salvador es el primer paso, y el bautismo es la forma divina de que sean marcado sacramentalmente.

Aceptar a Jesús como Señor y Salvador es el primer paso.

Los wesleyanos creen que una cantidad pequeña de agua es suficiente para el bautismo. No hay nada erróneo en la inmersión completa de una persona bajo agua, como hacen algunas iglesias en la ceremonia del bautismo, y a veces las personas escogen este método. Pero el bautismo por aspersión es una forma válida del sacramento.

Aunque hay muchos posibles senderos dentro del discipulado cristiano, uno merece ser mencionado. Una persona nacida de una familia cristiana puede ser bautizada como infante e incluso ser confirmada para ser un miembro profeso de la iglesia. En el progreso de su vida, sin embrago, podría dejar la iglesia e incluso negar a Cristo como Señor. Esta persona dejaría el camino de la salvación y podría seguir otros caminos o incluso otras religiones. ¿Qué ocurre cuando la persona regresa para seguir a Cristo?

Los wesleyanos enseñan que solo se puede recibir el bautismo una sola vez. Cuando somos marcados como parte de la familia de Dios, él es fiel a la gracia otorgada por medio del sacramento. Dios no cambia. Sin importar cómo nos apartamos, si regresamos y reafirmamos nuestra relación con Cristo, seremos aceptados como si nunca nos hubiéramos alejado. No es necesario rebautizarse ni se permite. Los wesleyanos sin embargo, tienen una ceremonia para recordar y reafirmar nuestro bautismo, porque esto es algo de lo que todos los cristianos se pueden beneficiar.

¿Qué ocurre cuando una persona cambia de denominación? Los wesleyanos creen que el bautismo inicia al creyente dentro de la iglesia, el cuerpo de Cristo. Porque reconocemos a otras denominaciones como cristianos, reconocemos la validez de su bautismo. Por tanto, los wesleyanos no rebautizan a esas personas que han sido bautizadas en otras denominaciones. Tres aspectos son necesarios para un bautismo válido: la intención propia, el uso de agua y el nombre trino de Dios como Padre, Hijo y Espíritu Santo.

Santa Comunión

El sacramento replicable es la Santa Comunión. Cristo lo instituyó a sus discípulos durante la última cena antes de la crucifixión. Esa cena es la comida de Pascua que los judíos comían cada año para conmemorar la acción divina que los salvó de la esclavitud en Egipto. La familias tradicionalmente comen juntas, y Jesús la comió con sus discípulos.

Jesús transformó la cena de la Pascua en la memoria de su sacrificio por la humanidad. Lucas 22.19-20 recapitula la acción crucial de estas palabras:

> También tomó el pan y dio gracias, y lo partió y les dio, diciendo: Esto es mi cuerpo, que por vosotros es dado; haced esto en memoria de mí. De igual manera, después de haber cenado, tomó la copa, diciendo: Esta copa es el nuevo pacto en mi sangre, que por vosotros se derrama.

Cristo ha prometido estar realmente presente en esa comida.

Tres días más tarde, en la primera tarde de la Pascua, el Jesús resucitado se apareció a Cleofás y a un amigo de camino a Emaús. Jesús les explicó por qué el Mesías tenía que morir, pero ellos no lo reconocieron. Fue cuando rompió el pan en Emaús que Cristo se reveló a esos primeros discípulos.

Durante generaciones de cristianos, el sacramento de la Cena del Señor ha sido un poderoso medio de gracia. En muchas iglesias a esta cena se le llama Eucaristía, porque es la palabra griega que significa «gracias». En la práctica wesleyana, el pastor consagra los elementos por medio de una oración de acción de gracias dirigida a Dios por todo lo que ha hecho. Estas oraciones son trinitarias, comienzan agradeciendo al Dios Padre, después recapitulan lo que Dios Hijo hizo en la última cena, y finalmente piden la presencia del Espíritu Santo en los elementos que se van a consumir.

Para muchos wesleyanos, nuestra tradición de tener pastores ambulantes (*circuit-riders*) conllevaba que la comunión se celebrara una vez al mes. Mucho después de que estos predicadores a caballo desmontaran y cuando las iglesias tenían pastores residentes, esa costumbre continuó, a menudo en el primer domingo del mes. Sin embargo, más y más wesleyanos están regresando a la práctica de Juan Wesley. En su sermón «La responsabilidad de la comunión constante», Wesley establece que Dios espera que nosotros recibamos el sacramento tan a menudo como sea posible, pero por lo menos cada domingo.

Los wesleyanos han hecho otro cambio que fue y sigue siendo controversial. En el siglo XIX se nos presentó la preocupación por la maldad que el abuso del alcohol traía a las familias. Para proteger a las familias y promover un pueblo de gente sobria y trabajadora, abogamos primeramente por la moderación con el uso del alcohol. Según pasó el tiempo, llegamos a abogar por la abstinencia. Pero, ¿cómo podemos hacer tal cosa si la Comunión requiere el vino que Jesús usó durante la última cena? En esa época, un laico llamado Welch inventó un proceso para hacer vino no fermentado, jugo de uva. Por nuestro compromiso en minimizar o evitar el consumo del alcohol, hemos celebrado tradicionalmente la Comunión con jugo de uva en vez de vino.

Creemos que realmente Cristo está presente en los elementos del pan y el vino. No creemos en la transustanciación, en la cual el pan se transforma en algo diferente al pan y el jugo en algo diferente al jugo. Al mismo tiempo, creemos que el pan y el vino son más que símbolos. Cristo ha prometido estar realmente presente en esa comida. Los wesleyanos consideramos esto un misterio. Carlos lo expresó claramente en «Oh profundidades del amor divino»:

¡Oh profundidades del amor divino, insondable gracia!
¿Quién puede explicar cómo Dios nos da su pan y vino?
¿Cómo imparte el pan su carne, y transmite el vino su sangre,
llenando los corazones de su pueblo fiel con toda la vida de Dios?

Que los más sabios de los mortales, muestren cómo recibimos la gracia;
endebles elementos comunican un poder que no les es propio otorgar.
¿Quién puede explicar la maravillosa forma en que, a través de ellos, virtud nos llegó?
Esos elementos virtud nos transmitieron, sin dejar de ser los mismos.[21]

El pan y el vino, sin realmente cambiar, se convierte en el vehículo de la presencia de Cristo en esta sagrada comida. Cristo ha prometido que estos «simples elementos» expresarán el poder del amor divino en nuestras vidas. Los elementos son más que un símbolo y menos que el cuerpo metafísico de Cristo transformado mágicamente. Para nosotros, se convierten en el cuerpo y la sangre de Cristo, y transforman vidas.

Las Escrituras

Juan Wesley enseñó que leer la Biblia es un medio de gracia divina. El prefacio a sus *Sermones* incluye estas palabras:

Solo una cosa deseo saber: el camino al cielo; cómo llegar a ser salvo a esa costa feliz. Dios mismo se ha dignado mostrar el camino. Para eso fue que vino del cielo. Lo ha escrito en un libro. ¡Dadme ese libro! ¡A cualquier precio, dadme el Libro de Dios! Lo tengo. Me basta con el conocimiento que hay en él. Quiero ser *homo unius libri*.[22]

Para los wesleyanos, la Biblia es la autoridad básica para nuestra fe y práctica. Es la palabra inspirada de Dios que dicta cómo seguimos a Cristo.

Los wesleyanos no enseñan que las Escrituras son infalibles. En vez, enseñamos que la Biblia contiene todo lo necesario para la salvación. Una de las confesiones de fe de la iglesia dice:

> Las Sagradas Escrituras contienen todas las cosas necesarias para la salvación; de modo que no debe exigirse que hombre alguno reciba como artículo de fe, ni considere como requisito necesario para la salvación, nada que en ellas no se lea ni pueda por ellas probarse.[23]

Hay partes de la Biblia que resultan difíciles de entender y otras partes que parecen contradecir los temas y mensajes centrales de toda la Biblia. Los cristianos wesleyanos anhelan seguir la totalidad de la Biblia e intentan resistirse a citar un solo pasaje aislado del resto de lo que Dios ha revelado en las Escrituras. Es el mensaje general de las Escrituras lo que cuenta.

Los wesleyanos creen que la Biblia tiene atributos humanos y divinos. Su lado humano se presenta en la forma en la que se produjo. Las investigaciones modernas han realizado contribuciones importantes al analizar la formación del texto. Los sesenta y seis libros de la Biblia fueron producidos a través de varios siglos y de una variedad de fuentes. Los libros fueron escritos en hebreo, arameo y griego, y muestran las condiciones lingüísticas y culturales de los diferentes tiempos en los que fueron primeramente compuestos. Creemos que Dios se acomodó a la habilidad de las personas de esos tiempos de entender lo que Dios intentaba comunicar.

Al mismo tiempo, la Biblia es completamente divina. Es inspirada. El Espíritu Santo usó sus autores para comunicar mensajes importantes que Dios quería que su pueblo entendiera. Aun así, porque hay tantos diferentes estilos literarios, y los libros se compusieron sobre varios siglos en tan diversos trasfondos culturales, la Biblia es a veces difícil de entender. Dr. Albert Outler, el teólogo metodista del siglo xx, lo expresa de esta manera: «La Biblia es suficientemente compleja como para desafiar a las personas que han pasado sus vidas estudiándola, y suficientemente sencilla para que un neófito pueda beneficiarse de su lectura».

Se le atribuye a Mark Twain decir: «No son las partes de la Biblia que no entiendo las que me molestan». En otras palabras, las partes que más nos desafían son las que son claras. Estas tienen la habilidad de conectarnos con Dios. La Biblia es, de esa manera, un medio de gracia.

Dios nos ha revelado lo que necesitamos saber del Antiguo y Nuevo Testamento, y estudiar las Escrituras nos da lo que precisamos. El estudio bíblico se desarrolla mejor en grupo. El texto es suficientemente complejo y las muchas perspectivas ayudan a interpretarlo apropiadamente.

Los cristianos wesleyanos intentan mirar la totalidad de las Escrituras. Ven el tema principal de la Biblia como la historia de un Dios amante que constantemente busca salvar a su creación y le ayuda a ser lo que pretendía desde el principio que fuera. Se puede ver que este tema central de la Biblia es de hecho el camino de la salvación que estudiamos aquí. Otros cristianos acentúan diferentes temas, pero la perspectiva wesleyana es que Dios es amor y que busca salvar a la humanidad de sus pecados.

Oración

La oración es un medio de gracia. Ya sea que una persona ore a solas o en una congregación, en silencio o en voz alta, hable espontáneamente o lea palabras ya escritas, comunicarnos con Dios nos puede acercar a su amor y sus deseos para nuestras vidas.

En la Biblia se nos manda orar. A veces Jesús presupone que lo hacemos y comienza un mandamiento diciendo: «Cuando ores…» (Mateo 6.5-8). También nos ha dado lo que se ha denominado El Padrenuestro (Mateo 6.9-13). En 1 Tesalonicenses 5.17, se nos dice que oremos sin cesar.

Hay muchos tipos diferentes de oraciones. Algunas oraciones alaban a Dios. Con estas palabras reconocemos que Dios es Dios y que nosotros no somos Dios. Le damos honra, alabanza y gloria, y reconocemos que somos sus criaturas. Cuando adoramos al Señor y proclamados su naturaleza, alcanzamos un conocimiento profundo de quiénes somos como seres humanos.

Otras oraciones confiesan nuestros pecados. Nos dan oportunidades para expresar a Dios la verdad en cuanto a nosotros mismos y de pedir perdón. A algunas personas no les gustan las oraciones de confesión. En una de las iglesias en la que serví, un hombre que consideraba unirse a la iglesia me instó a no utilizar una oración de confesión durante la adoración. Como pastor joven que era, sabía que nuestro estilo de adoración permitía cierta flexibilidad, y reconocí que algunas personas se sienten mal en cuanto a tales oraciones. Por eso accedí, y no incluí una oración de confesión durante las siguientes semanas. Durante ese tiempo, ese miembro potencial abandonó a su mujer e hija y se fue del pueblo con su secretaria. Desde entonces, he comprendido que las oraciones de confesión son espiritualmente beneficiosas.

Reconocemos nuestra inhabilidad de resolver nuestros propios problemas, y le pedimos ayuda a Dios.

Las mejores oraciones de confesión son esas por las cuales reconocemos nuestra inhabilidad de resolver nuestros propios problemas, y le pedimos ayuda a Dios. Invitamos al Espíritu Santo para que nos guíe, nos dé sabiduría, fortalezca nuestra debilidad, y nos aleje de la tentación. A veces no pedimos perdón, sino más bien pedimos ayuda para enfrentar problemas u oportunidades que están más allá de nuestra capacidades. Cada vez que predico, oro estas palabras: «Dios Todopoderoso, te damos gracias por la presencia del Espíritu Santo en este lugar, porque confiamos en tu promesa de que cuando dos o tres se reúnen en tu nombre, allí estás también. Pero a veces no somos conscientes. Por esto pedimos: Abre nuestros ojos para que podamos verte. Danos oídos para escuchar tu palabra. Y danos manos y pies para que seamos hacedores de la palabra y no solo oidores».

Otras oraciones son para interceder, o pedir ayuda, por otros. Oramos para que personas enfermas sean sanadas. Oramos para que personas en peligro estén a salvo. Oramos para que esas personas hambrientas tengan para comer. Oramos para que personas que sufren sean confortadas. Oramos para que las guerras culminen y para que la injusticia sea reemplazada por el reino de Dios en esta tierra. Oramos por nuestros enemigos.

A veces nuestras oraciones son respondidas por las acciones de Dios por otras personas. Pero a veces oímos una palabra del Señor en cuanto a nuestro propio comportamiento, nuestras prioridades y nuestras oportunidades. La oración puede cambiar el mundo fuera y dentro de nosotros. La oración es en parte decir a Dios lo que debemos decir, pero también es escuchar la palabra de Dios para nosotros.

Adoración

Juan Wesley dijo en una ocasión: «… el cristianismo es una religión esencialmente social y tratar de hacerla solitaria es destruirla». Cuando llegamos a ser discípulos de Jesús, somos bautizados dentro de su cuerpo. Los miembros de su cuerpo se reúnen cada Día del Señor (cada domingo) para adorar a Dios. La palabra adoración conlleva la proclamación de la dignidad de Dios, que Dios es Dios y nosotros no. Al alabar a Dios, aceptamos nuestro lugar legítimo como criaturas de Dios. El salmo 100 clarifica: «Cantad alegres a Dios, habitantes de toda la tierra. Servid a Jehová con alegría; venid ante su presencia con regocijo. Reconoced que Jehová es Dios; él nos hizo y no nosotros a nosotros mismos; pueblo suyo somos y ovejas de su prado».

Es en la adoración que nos recordamos a nosotros mismos quiénes somos y de quién somos. Lo hacemos por medio de la oración, canto, celebrando los sacramentos de Comunión y bautismo, y al leer la Biblia juntos. Una parte importante de la adoración es la predicación de la palabra. Las personas que han sido cristianas por décadas han escuchado cientos de sermones. Un buen sermón es ese que fielmente comunica el mensaje de la Biblia y lo conecta con las circunstancias contemporáneas del que escucha. Muchas veces un sermón impactará a los oyentes por ser fresco y nuevo, aunque hayan escuchado anteriormente muchos sermones sobre el mismo pasaje.

Grupos pequeños

Una característica importante del metodismo primitivo fueron las reuniones de clases. Pertenecer a una sociedad metodista implicaba participar en una clase en la que los miembros se cuidaban recíprocamente en amor y ayudaban a otros miembros de la clase a progresar en el camino de la salvación. Los miembros se preguntaban semanalmente: «¿Cuál es el estado de tu alma?». Los miembros compartían sus dificultades espirituales y cómo estaban progresando en el camino de la salvación.

Con el tiempo, la mayoría de los wesleyanos abandonaron este sistema formal de responsabilidad de las reuniones de clase, pero las clases dominicales han adoptado algunas de las mismas funciones. Más recientemente, los grupos pequeños han intentado recrear las dinámicas y responsabilidad de las reuniones de clases. Los grupos de reunión de Emaús extienden la experiencia básica de la Caminata a Emaús y pide a los miembros del grupo que compartan esos momentos en los que se sentían más cercanos a Cristo, su peor negación del discipulado, y sus práctica cristiana, estudio, piedad y vida de oración. La práctica del pacto del discipulado invita a los participantes a realizar un pacto o promesa juntos, y entonces se mantienen responsables mutuamente por lo que han acordado hacer. En su libro *Walking to God´s Dream* (Nashville: Abingdon Press, 1999), Richard Wills describe los grupos de confraternidad wesleyanos que tienen cinco funciones: oración, confraternidad, estudio, responsabilidad y servicio. Creo que cada cristiano debe pertenecer a un grupo que de alguna manera siga estos cinco propósitos.

Servir y dar con sacrificio

En la parábola de las ovejas y los cabritos (Mateo 25.31-46). Jesús nos enseña que debemos alimentar al hambriento, dar de beber al sediento, acoger al extranjero, vestir al desnudo y visitar a esas personas enfermas o en prisión. Por muchos años, las personas que han seguido estos mandamientos han comunicado la gran bendición que han recibido cuando los realizaban, además, claro está, de las bendiciones otorgadas a las personas que ayudaron.

Una de las eseñanzas más difícil, y a su vez más importante, de Jesús, dice: «Si alguno quiere venir en pos de mí, niéguese a sí mismo, tome su cruz cada día y sígame. Todo el que quiera salvar su vida, la perderá; y todo el que pierda su vida por causa de mí, éste la salvará» (Lucas 9.23-24).

Vivimos en una cultura que valora lo material y anima a la acumulación. Nos ocupamos de nosotros mismos e ignoramos las necesidades de otras personas. El camino del discipulado enseña lo opuesto: al dar nuestro tiempo, talento y dinero, seremos bendecidos mucho más de lo que hemos dado. Es cuando damos nuestra vida en beneficio del evangelio que realmente la hallamos.

Algunas personas se sorprenden al saber que Jesús habló del dinero más que lo hizo acerca de la oración. Los cristianos deberán cultivar el don espiritual de la generosidad extravagante. Wesley, de hecho, tenía tres reglas para el uso del dinero: Gana todo lo que puedas, ahorra todo lo que puedas y da todo lo que puedas.

Vivir como discípulos

¿Cómo podríamos resumir las prácticas cristianas que hemos discutido? Una forma sería con las palabras simples «adoración y grupo». La vida cristiana es una vivida por medio de la gracia y a través de la fe. Cuando aceptamos a Cristo como Señor y Salvador y somos bautizados dentro de su cuerpo, iniciamos una travesía para vivir como discípulos. Pero precisamos ayuda durante el camino. Esa ayuda viene en la forma de los varios medios de gracia. La adoración semanal con la comunidad que se reúne es crucial. Allí, participamos regularmente en el sacramento de la Santa Comunión. Allí, oramos con la confraternidad de cristianos, escuchamos la Palabra de Dios proclamada, alabamos y adoramos a Dios. Se nos alienta a diezmar de lo que recibimos. Oímos de oportunidades para llevar el amor de Dios al mundo.

Nuestros grupos pequeños nos mantienen responsables por usar los medios de gracia. Idealmente, el grupo practica la oración, la confraternidad, el estudio, la responsabilidad y el servicio. Los miembros se animan los unos a los otros, comparten perspectivas sobre cómo enfrentar situaciones difíciles, se apoyan los unos a los otros, y se mantienen los unos a los otros en el sendero del discipulado. Cuando esto sucede con amor, entonces todo tipo de cosas maravillosas son posibles.

«Sublime gracia»

Este himno impactante de John Newton, al que ya nos hemos referido brevemente, ha dirigido generaciones en el peregrinaje cristiano al describir el poder de la gracia para cambiar vidas. Lo citamos completamente a continuación, incluyendo la estrofa final, añadida más tarde, y ha inspirado generaciones de cristianos a visualizar una esperanza de vida eterna con el Señor.

Sublime gracia del Señor
que a un infeliz salvó
Fui ciego mas hoy miro yo
perdido y él me halló

Su gracia me enseñó a tener
mis dudas ahuyentó
Oh cuan precioso fue a mi ser
cuando él me transformó

De mi maldad me libertó
mi Salvador me rescató
Y como el mar fluye su amor
Sublime gracia y amor

En los peligros y aflicción
que yo he tenido aquí
su gracia siempre me libró
y me guiará al hogar

De mi maldad me libertó
mi Salvador me rescató
Y como el mar fluye su amor
Sublime gracia y amor

Y cuando en Sión
por siglos mil
brillando esté cual sol
yo cantaré por siempre ahí
su amor que me salvó.[26]

6.

Transfórmese y cambie el mundo

La clave de nuestra felicidad, satisfacción y salvación es ser la persona que Dios dispuso que fuera. Dios tiene un plan para nuestra vida, y ese plan dispone que crezcamos. No, no hablamos de alcanzar la edad suficiente para poder votar o firmar contratos. No hablamos de crecer en estatura o peso. Tampoco hablamos de contraer matrimonio o tener hijos o cualquier otra atadura exterior relacionada con la adultez.

La madurez espiritual consiste en la transformación del corazón para hacerse uno más a la semejanza de Jesús. Jesús es el modelo al cual hombres y mujeres maduras deben proseguir, y nosotros queremos ser más como él.

La mejor manera de describir ese modelo es citar al mismo Jesús. Cuando se le preguntó cual era el mandamiento mayor de la ley, Jesús respondió en Mateo 22.37-40: «Amarás al Señor tu Dios con todo tu corazón, con toda tu alma y con toda tu mente. Éste es el primero y grande mandamiento. Y el segundo es semejante: Amarás a tu prójimo como a ti mismo. De estos dos mandamientos dependen toda la Ley y los Profetas». La meta de los cristianos es amar a Dios completamente y a su prójimo como a ellos mismos tan absolutamente que todo lo que piensan, dicen y hacen es motivado por el amor.

Quizás conozca a alguna persona que ejemplifica este nivel de madurez. En mi caso era Elizabeth Snell. Cuando me convertí en su pastor, Elizabeth estaba en sus ochentas y se encontraba ocupada cuidando de muchas personas mayores en su comunidad. Amaba al Señor con una pureza de corazón nunca antes vista por mí en otra persona. Era una guerrera de la oración, pasaba mucho tiempo diario con el Señor. Leía su devocional de *El Aposento Alto* diariamente y dedicaba tiempo al estudio de la Biblia. Visitaba a sus vecinos y a menudo les hacía las compras de comida y

> *Dios tiene un plan para nuestra vida, y ese plan dispone que crezcamos.*

medicamentos. Durante sus visitas, les preguntaba a cerca de su relación con Cristo. A menudo compartía su fe e invitaba a sus vecinos a ser cristianos como ella. En una ocasión me dijo: «Pastor, he estado visitando a un vecino y estoy casi lista para que usted venga y lo visite. La cosecha está casi lista». Pocas semanas después, ese hombre estaba en el hospital y pidió que fuera a visitarlo. Fue allí, entonces, que él entregó su vida a Cristo. Su familia comenzó a ir a la iglesia también. Cuando yo sea más grande, quiero ser como Elizabeth Snell. Ella no era famosa. No tenía riquezas. No tenía un título de la universidad. Pero su riqueza estaba en todas las cosas que realmente importan en esta vida: fe, esperanza, amor y servicio a Dios y al prójimo.

¿Cómo progresamos hacia ese tipo de madurez? El primer paso, claramente, tiene que ver con lo que Dios espera hacer por medio de usted.

Transforme su corazón

El Nuevo Testamento describe de diferentes maneras la voluntad de Dios para nuestras vidas. Jesús, en el Sermón del Monte, en Mateo 5-7, nos da varias descripciones poderosas de la vida cristiana. Comienza diciendo que diferentes grupos de personas son benditas: los pobres en espíritu, esas que lloran, los mansos, los que tienen hambre y sed de justicia, los misericordiosos, los puros de corazón, los pacificadores y las personas perseguidas en el nombre de Cristo. Juan Wesley tradujo la palabra griega *makarios* como «feliz» en vez de «bienaventurado», indicando la creencia wesleyana de que esas personas que hacen la voluntad divina encuentran satisfacción, gozo y una felicidad profunda en esta vida y en el mundo por venir.

Después Jesús citó varias leyes del Antiguo Testamento y las elevó a un nivel espiritual nuevo. Por ejemplo, citó «no matarás» y extendió su significado: «cualquiera que diga "Necio" a su hermano, será culpable ante el Concilio; y cualquiera que le diga "Fatuo", quedará expuesto al infierno de fuego» (Mateo 5.22). Jesús citó «no cometerás adulterio» y lo extendió: «Pero yo os digo que cualquiera que mira a una mujer para codiciarla, ya adulteró con ella en su corazón» (Mateo 5.28).

El apóstol Pablo interpretó las palabras de Jesús con mandamientos adicionales. En Romanos 12.9-17, Pablo escribió:

> El amor sea sin fingimiento. Aborreced lo malo y seguid lo bueno. Amaos los unos a los otros con amor fraternal; en cuanto a honra, prefiriéndoos los unos a los otros. En lo que requiere diligencia, no perezosos; fervientes en espíritu, sirviendo al Señor; gozosos en la esperanza, sufridos en la tribulación, constantes en la oración. Compartid las necesidades de los santos y practicad la hospitalidad. Bendecid a los que os persiguen; bendecid y no maldigáis. Gozaos con los que se gozan; llorad con los que lloran. Unánimes entre

vosotros; no seáis altivos, sino asociaos con los humildes. No seáis sabios en vuestra propia opinión. No paguéis a nadie mal por mal; procurad lo bueno delante de todos los hombres.

Estos mandamientos adicionales se pueden percibir como la forma de Pablo para ayudar a los primeros cristianos. En otros pasajes, como en 1 Corintios 12-13, Pablo abordó ciertos desafíos congregacionales y describió el significado del amor aun en medio de sus divisiones.

Pablo nos proporcionó un resumen útil de la vida cristiana en su carta a los Gálatas, en la que distingue entre el camino de la carne y la vida en el Espíritu. El camino de

---

El gozo de Jesús

La iglesia no es solamente los domingos por la mañana. El domingo por la mañana es la hora más segregada de la semana. Cada persona va a su pequeño lugar de comodidad. Son calentadoras de banco de iglesia. Después, regresan a casa. Pero Dios nos llama. Quiero decir que lo único que se nos pide hacer es que seamos siervos.

Cuando te enamoras de Jesús, quieres servirle. Quieres dar. Quieres estar fuera de los muros de la iglesia para decir a todas las demás personas tu historia, porque lo más poderoso que posees es tu testimonio.

Me crié en una familia sin padre, y sé lo que es quedarse sin dinero a finales de mes. Así que pongo bolsas con comida en el maletero de mi automóvil y conduzco por las calles buscando gente —madres solteras, padres solteros, gente que trabaja duro cada día pero que gana siete u ocho dólares por hora. Me paro cerca de ellos, abro el maletero, salgo del automóvil y les doy dos bolsas con comida. Deberían ver la mirada en sus rostros cuando les digo: «No soy yo. Es Cristo en mí». No quiero crédito por estas acciones. No quiero nada.

Cuando conoces la alegría de servir, cuando comienzas a sentir el gozo, lo llamo el gozo de Cristo, en ese momento no importa si has perdido tu trabajo o no. Le digo a las personas: cuando te sientas bajo, ve y sirve. Cuando no te sientes bien, ve y haz algo por alguien, porque eso es lo que Jesús hizo por nosotros. Entonces, hallarás la paz que sobrepasa todo entendimiento.

Felicia Hopkins
Pastora asociada titular
St Mark´s United Methodist Church
El Paso, Texas

Del DVD *El camino wesleyano* (solo disponible en inglés)

la carne incluye una serie de hábitos que Pablo considera inmorales: «adulterio, fornicación, inmundicia, lujuria, idolatría, hechicerías, enemistades, pleitos, celos, iras, contiendas, divisiones, herejías, envidias, homicidios, borracheras, orgías, y cosas semejantes a éstas» (Gálatas 5.19-21). En contraste, aquellos que han sido bautizados, y están siguiendo a Jesús, viven sus vidas bajo el poder del Espíritu Santo quien opera en los corazones de los creyentes para transformarlos. Las cualidades que Pablo llama «frutos del Espíritu» incluyen amor, gozo, paz, paciencia, benignidad, bondad, fe, mansedumbre y templanza (Gálatas 5.22-23).

Una forma de recordarnos a nosotros mismos del deseo de Dios de transformar nuestras vidas es memorizar estas nueve cualidades y continuamente compararnos con ellas. Cuando mis hijos crecían, podían repetir estas cualidades de memoria. Basándome en la experiencia personal, puedo decir que el problema con enseñar a nuestros hijos estas nueve cualidades de comportamiento cristiano es que cuando crecen, podrían pedirnos que las vivamos también nosotros.

Transforme su juicio

Sin embargo, hay mucho más en la meta de la vida cristiana que transformar nuestro corazón y comportamiento. Están esos problemas tremendos de la maldad y la inmoralidad en nuestra comunidades y naciones, y a los cristianos se les llama a enfrentarlos.

La base de esta manera de pensar es el cruce de límites característico de la naturaleza del ministerio de Jesús. Vez tras vez, Jesús rompió con las reglas sociales exclusivas de su cultura para crear relaciones con esas personas consideradas marginadas por los judíos. Habló con una mujer samaritana en el pozo de Jacob (Juan 4.5-41). Cuando cruzaba por Jericó, habló directamente con un recaudador de impuestos llamado Zaqueo, después cenó con Zaqueo y le dirigió para que restituyera a los que había robado (Lucas 19.1-10). Jesús habló con un centurión romano y sanó a su siervo (Mateo 8.5-13). Sanó a la hija de la mujer sirofenicia (Marcos 7.24-30). En todas estas circunstancias, la práctica judía era buscar justicia distanciándose de pecadores y marginados como estas personas. En vez, Jesús les extendió la mano, resolvió sus necesidades y las incluyó en su ministerio.

El cruce de límites característico del ministerio de Jesús fue lo que impulsó a los primeros cristianos a incluir a los gentiles en el movimiento cristiano. Esta práctica fue controvertida durante muchos años, y aun así, el Espíritu Santo dijo al concilio de Jerusalén que el movimiento cristiano era mayor que el judaísmo. Consistía en compartir el evangelio con todo el mundo, «hasta lo último de la tierra» (Hechos 1.8).

Misión con el pobre

En la parábola de las ovejas y los cabritos que mencionamos previamente, Jesús acentuó la importancia de cómo tratamos al que tiene hambre, al que tiene sed, al desnudo, al extranjero y a las personas en la cárcel. Y concluyó: «De cierto os digo que en cuanto lo hicisteis a uno de estos mis hermanos más pequeños, a mí lo hicisteis» (Mateo 25.40).

La parábola de Jesús cuadraba perfectamente con las enseñanzas del Antiguo Testamento de que el pueblo de Dios (Israel) debía cuidar a las viudas, huérfanos, extranjeros y otras personas pobres en medio de ellos. Los profetas fueron claros al respecto: Isaías, Jeremías, Habacuc, Amós y Ezequiel pronunciaron palabras del Señor similares a estas de Zacarías 7.9-10: «Juzgad conforme a la verdad; haced misericordia y piedad cada cual con su hermano; no oprimáis a la viuda, al huérfano, al extranjero ni al pobre, ni ninguno piense mal en su corazón contra su hermano».

Cómo tratamos, los cristianos, a los pobres es crucial. De hecho, parte de lo que convirtió la gran parte del Imperio Romano al cristianismo fue el tratamiento de los cristianos primitivos hacia los pobres. Demasiados cristianos han olvidado los mandamientos de Jesús en cuanto a cuidar de esas personas menos afortunadas. Es un problema cuando los cristianos se centran y enfocan en cómo Dios los bendecirá a ellos en vez de intentar bendecir a otros.

Una de las enseñanzas cristianas principales es que cuando se aceptan personas dentro del cuerpo de Cristo, estas son bendecidas y se convierten en bendición para otras. Compartimos nuestra fe con ellas para que sus almas sean salvas, pero asistimos sus cuerpos también, por medio de alimentos, trayéndoles justicia y terminando con su opresión.

La misión *con* los pobres es diferente de la misión a los pobres. La pobreza no roba a las personas de su humanidad; el mejor regalo que podemos darles es una relación. A menudo nuestra compasión por el pobre se limita a ocasiones determinadas, en vez de invertir a largo plazo en su cuidado, apoyo, enseñanza y empoderamiento. Todas las personas, incluyendo esas que son pobres, tienen recursos increíbles que pueden utilizarse para enfrentar sus problemas. El metodismo comenzó como un movimiento en Inglaterra entre las personas pobres que aprendieron valores y habilidades de la predicación wesleyana y los grupos pequeños que les permitieron no solo crecer, sino también progresar en sus habilidades diarias.

Justicia social

El cristianismo siempre ha enfrentado situaciones importantes en las culturas en las que ministraba. En el siglo XVIII, muchos cristianos en Gran Bretaña comenzaban a creer que la práctica de la esclavitud iba en contra de las creencias cristianas. La última carta de Juan Wesley iba dirigida a William Wilberforce, un miembro evangélico del parlamento, alentándole a continuar su lucha para erradicar la esclavitud. La Normas Generales, que definen las prácticas que los metodistas deben evitar, dicen que nadie que posea esclavos puede pertenecer al movimiento metodista. Sin embargo, al extenderse el movimiento a través del sur de los Estados Unidos a principios del siglo XIX, el obispo Asbury y otros líderes comprometieron y quitaron tal requisito de la membresía metodista.

Más tarde en la historia del movimiento metodista, la iglesia comenzó a predicar sobriedad, argumentando que el alcohol era malo para las mujeres, niños y las familias. Los wesleyanos desde hace mucho han argumentado en contra del uso de los licores y en contra de la embriaguez. Conforme avanzaba el siglo XIX, la predicación metodista fue de la sobriedad a la prohibición. Lo mismo ocurrió con los juegos de azar, lo cual, aunque no se prohíbe explícitamente en las Escrituras, estaba dañando la vida familiar. Los wesleyanos que vivían en la frontera veían como las personas se podían gastar sus ganancias con los juegos de azar y no en sus hijos, por esto predicaron en contra de esta práctica.

El siglo XX trajo herramientas más sofisticadas de análisis de los problemas sociales y oportunidades. Haciendo uso de estas técnicas los cristianos wesleyanos investigaron e hicieron declaraciones en cuanto a muchos asuntos como guerra y paz, sindicatos y justicia económica, racismo y medio ambiente. Una denominación wesleyana adoptó una serie de principios sociales y resoluciones en 1908. No todos los cristianos estarán de acuerdo con lo principios sociales y resoluciones de su iglesia; lo importante es pensar seriamente en cuanto a los problemas mayores de nuestro tiempo desde una perspectiva cristiana.

Durante los últimos 150 años hemos visto una transformación maravillosa de la riqueza global. Con la transformación del mundo de la industrialización, las personas han acumulado cantidades inmensas de bienes materiales. La producción de comida ha aumentado. Al mismo tiempo, la población mundial ha explotado, y el número de personas que viven en pobreza ha aumentado dramáticamente. Fue en 1964 cuando el presidente Lyndon Johnson declaró una «guerra contra la pobreza», y seguimos luchando esta batalla hoy día. Nuevas enfermedades como el SIDA han irrumpido, y otros problemas adicionales han surgido, en especial genocidios y otros problemas causados por el fin del colonialismo en el Oriente Medio, África, Latinoamérica y Asia.

Los cristianos deberán hacer uso de su buen juicio para lidiar con estos problemas y más para que los valores bíblicos se puedan aplicar en todos los sectores de todas las sociedades a través del mundo.

Sin embargo, precisamente porque los problemas son complejos, los cristianos de buen carácter e igual compromiso con Cristo tendrán desacuerdos. En algunos casos no priorizarán los problemas de la misma manera; en otros casos, enfrentaremos los mismos problemas de forma radicalmente diferente. A menudo, he usado el ejemplo de que George W. Bush y Hilary Rodham Clinton son ambos cristianos activos y fieles metodistas unidos, y aun así pertenecen a partidos políticos diferentes y tienen diferentes entendimientos de cómo aplicar la fe cristiana en el mundo.

> *Cristianos de buen carácter e igual compromiso con Cristo tendrán desacuerdos.*

Espíritu católico

Una de las características del cristianismo wesleyano ha sido la habilidad de centrarse en las cosas más importantes al mismo tiempo que se respetan las diferencias de opinión. El sermón de Juan Wesley «El espíritu católico» debería ser de lectura obligatoria para toda aquella persona con fuertes ideas teológicas y políticas. En ese sermón, Juan Wesley dice que las verdades esenciales son diferentes de las cuestiones de opinión. Por tanto, creencias y prácticas divergentes se han dado entre cristianos a lo largo del tiempo. En sus días, la doctrina de la predestinación era divisoria. Él creía firmemente que Dios había empoderado a todos los seres humanos con la gracia suficiente para que se salvaran si simplemente la usaran, mientras que su amigo George Whitefield, un miembro del Santo Club en Oxford, era un metodista calvinista quien creía que tales decisiones estaban predestinadas. Wesley sabía que había argumentos bíblicos fuertes en favor de la predestinación, pero no podía reconciliar la doctrina con el mensaje general de un Dios de amor que murió por los pecados de todo el mundo.

La perspectiva de Wesley del espíritu católico incluía la idea de que, en cuestiones de opinión, es importante reconocer que el propio punto de vista podría resultar erróneo. Instaba a las personas a pensar cuidadosamente sobre los asuntos importantes, porque lo que se piensa y cómo se responde es importante. Pero si sabemos que cabe la posibilidad, por pequeña que sea, que podamos estar equivocados, entonces, debemos acercarnos a esas personas que no estén de acuerdo con nosotros con un espíritu más caritativo.

Wesley describía el Espíritu católico como amor universal. Su sermón está basado en 2 Reyes 10.15: «¿Es tan recto tu corazón como el mío lo es con el tuyo?... Puesto que lo es, dame la mano».

> Pero aunque una diferencia en cuanto a opiniones o modos de adoración puede impedir una unión externa completa, ¿es necesario que impida nuestra unión en los afectos? Aunque no podamos pensar igual, ¿no podemos acaso amarnos igualmente? ¿No podemos ser de un mismo corazón, aunque no podamos ser de una misma opinión? Sin ninguna duda, podemos. En esto, todos los hijos de Dios pueden unirse, a pesar de estas diferencias menores. Estas pueden quedar tal como están, y pueden estimularse los unos a los otros en el amor y las buenas obras.[27]

En varias ocasiones en la historia, las comunidades han sido desgarradas por las rivalidades, violencia partidista, malentendidos deliberados y divisiones profundas. Algunas veces esas divisiones han sido de connotación religiosa, poniendo a protestantes en contra de católicos, judíos contra los cristianos, cristianos contra musulmanes. Dentro de denominaciones y congregaciones, conflictos internos han causado a menudo conflictos similares. En tales instancias, un compromiso al espíritu católico es una clave importante para la unidad de una nación o un pueblo, y al cuerpo de Cristo.

Santificación por gracia

A veces la meta de vivir una vida dedicada a Dios parece inalcanzable. Cuando leo las Escrituras, veo un destello de la voluntad de Dios para mi vida, y comienzo a pensar: Oh Dios, no puedo hacer esto. Es particularmente cierto cuando leo Mateo 5.48 donde Jesús dice: «Sed, pues, vosotros perfectos, como vuestro Padre que está en los cielos es perfecto». ¿Cómo puede esperar Cristo esa perfección de nosotros?

Entonces leemos Efesios 2.8-9. Pablo escribe: «Porque por gracia sois salvos por medio de la fe; y esto no de vosotros». Y a pesar de esto leemos en Santiago 2.17: «la fe, si no tiene obras, está completamente muerta». ¿Qué debemos de hacer con estas contradicciones?

Los discípulos wesleyanos saben que Jesús, Pablo y Santiago trataron de expresar el mismo mensaje. Una clave para entenderlos es reconocer que Mateo 5.48 tiene un doble sentido. Cuando Jesús dice que seamos perfectos, sus palabras se pueden traducir como una predicción del futuro: «seréis perfectos». Juan Wesley creía que cada mandamiento en las Escrituras es una promesa escondida: Lo que Dios espera que hagamos y seamos, nos capacita a hacer y ser por su gracia. La gracia de Dios está constantemente obrando en nosotros para ayudarnos a transformar nuestras mentes y vidas.

La iglesia como un grupo de recuperación y agente de cambio

¿Cuál es la función de la iglesia en esta discusión? La iglesia no está constituida de personas completamente santificadas que han alcanzado la madurez espiritual y se pueden llamar así mismas perfectas. En vez, la iglesia es un cuerpo de personas que se han comprometido a un peregrinaje hacia la santidad. Todo cristiano es un pecador que necesita de la gracia de Dios. Por la gracia de Dios, progresamos como individuos y grupos hacia la meta de la santidad.

Algunas personas describen la iglesia como un grupo de recuperación, constituida de personas que han reconocido sus problemas y se ayudan mutuamente hacia la meta de una vida santificada. Parte de esa ayuda proviene de la enseñanza de lo que Dios espera para que todos tengamos la meta clara. Parte de esa ayuda proviene del ánimo de quienes van más avanzados en el peregrinaje y que dicen a quienes comienzan: «¡Ánimo, pueden hacerlo!» Parte de esa ayuda proviene del hecho de que Cristo ha prometido estar presente a través de los medios de gracia, los cuales proporciona la iglesia.

Como el cuerpo de Cristo, Jesús nos dijo: «vosotros sois la sal de la tierra» y «vosotros sois la luz del mundo» (Mateo 5.13-14). No solo nos ayudamos mutuamente en nuestros peregrinajes individuales, sino que también se nos llama a dejar que Dios nos use como un grupo para completar sus propósitos mayores para toda la creación. Donde hay injusticia, donde hay hambruna, donde hay opresión o racismo, la iglesia está llamada a testificar del amor divino maravilloso y universal y de las demandas de Dios por la justicia, paz y reconciliación a través de su creación.

«Yo tengo una misión»

Carlos Wesley escribió este impactante himno para participar en la actividad salvadora divina en el mundo:

Yo tengo una misión:
glorificar a Dios,
y para el cielo preparar,
el alma que él me dio.

Al mundo de hoy servir,
cumplir mi vocación;
todas mis fuerzas consagrar
a Dios mi fiel Señor.

Ante tu vista, oh Dios
con celo he de vivir,
y con ayuda, rendiré
estricta cuenta al fin.

Ayúdame a velar,
confiado en tu poder,
pues si traiciono mi misión,
la vida he de perder.[28]

7.

Invite a otros a la travesía

Dios lo ha bendecido para que pueda ser de bendición a otros. Ser cristiano quiere decir que ha sido salvado con un propósito. Esa simple idea es un resumen profundo de la diferencia que marca el amor de Dios en nuestra vida.

El camino wesleyano de salvación enseña que Dios, por su asombrosa gracia, perdona nuestros pecados, reconcilia nuestra quebrada relación con Dios, y nos sana. Participar en sus medios de gracia —adoración con regularidad, membresía en la comunidad, compartir nuestras necesidades por medio de la oración y ministerios de grupos pequeños, participar en los sacramentos de la Santa Comunión y bautismo— nos dispone para el poder de salvación divina y nos ayuda en nuestra travesía.

La vida cristiana no es siempre fácil. Cada travesía tiene sus propios desafíos, problemas y oportunidades. Pero resulta una vida de bendición.

Aun así, centrarse en la gracia divina en nuestras propias vidas puede llevarnos a una perspectiva egoísta en la cual la cuestión es: ¿cuál es mi beneficio? En nuestros peores momentos, los cristianos aparentamos ser egocéntricos y centrados en nosotros mismos.

Los discípulos tuvieron los mismos problemas. Habían visto los milagros de Cristo y llegaron a creer que él era el Hijo de Dios, pero cuando Jesús les dijo que el Mesías sufriría, que sería rechazado y moriría, los discípulos objetaron. Esa información no era el papel poderoso, de éxito y real que esperaban:

> Entonces Pedro lo tomó aparte y comenzó a reconvenirlo. Pero él, volviéndose y mirando a los discípulos, reprendió a Pedro, diciendo: —¡Quítate de delante de mí, Satanás!, porque no pones la mira en las cosas de Dios, sino en las de los hombres. Y llamando a la gente y a sus discípulos, les dijo: —Si alguno quiere venir en pos de mí, niéguese a sí mismo, tome su cruz y sígame. Todo el que quiera salvar su vida, la perderá; y todo el que pierda su vida por causa de mí y del evangelio, la salvará, porque ¿de qué le aprovechará al hombre ganar todo el mundo, si pierde su alma? ¿O qué recompensa dará el hombre por su alma? Por tanto, el que se avergüence

La vida cristiana no es siempre fácil, pero sí es una vida de bendición.

85

de mí y de mis palabras en esta generación adúltera y pecadora, también el Hijo del hombre se avergonzará de él cuando venga en la gloria de su Padre con los santos ángeles (Marcos 8.32-38).

Jesús expresaba la paradoja de dar: Si queremos salvar nuestra vida, debemos perderla por Dios. Si queremos encontrar la felicidad última, se la debemos dar a Dios. Las personas que quieran obtener ganancia por su propio beneficio perderán lo que tienen y lo que buscan.

Las bendiciones cristianas de Dios tienen un propósito: ofrecer esas bendiciones a otras personas. Este tema se ve por toda la Biblia, comenzando con el llamado de Abraham en Génesis:

«Vete de tu tierra, de tu parentela y de la casa de tu padre, a la tierra que te mostraré. Haré de ti una nación grande, te bendeciré, engrandeceré tu nombre y serás bendición. Bendeciré a los que te bendigan, y a los que te maldigan maldeciré; y serán benditas en ti todas las familias de la tierra» (Génesis 12.1-3).

Vez tras vez, en el Antiguo Testamento, Dios pide a Israel que cuide de las viudas, huérfanos y extranjeros entre el pueblo. El Nuevo Testamento continúa este mensaje y se centra con más rigor en una vida de amor sacrificado.

Testificar con obras

No importa cuánto hagamos como cristianos, ni aun cuando incluimos a todos los cristianos y lo que ellos hacen para Dios; esto no es toda la historia. Creemos que Dios es el que obra en el mundo, a través de la gracia, para salvar a la creación y hacerla como quería Dios desde el principio.

Por tanto, dar la vida por Dios a menudo se describe como ser testigo de la maravillosa gracia divina. El Cristo resucitado habló a los discípulos justo antes de la ascensión: «recibiréis poder cuando haya venido sobre vosotros el Espíritu Santo, y me seréis testigos en Jerusalén, en toda Judea, en Samaria y hasta lo último de la tierra» (Hechos 1.8).

El capítulo 11 del libro de los Hebreos recuenta las obras que se lograron por la fe. En dos de los versículos más impactantes de las Escrituras, el autor llama a estas personas «testigos» y dice:

Por tanto, nosotros también, teniendo en derredor nuestro tan grande nube de testigos, despojémonos de todo peso y del pecado que nos asedia, y corramos con paciencia la carrera que tenemos por delante, puestos los ojos en Jesús, el autor y consumador de la fe, el cual por el gozo puesto delante de él sufrió la cruz, menospreciando el oprobio, y se sentó a la diestra del trono de Dios (Hebreos 12.1-2).

De alguna manera, por la gracia a través de la fe, nuestras obras de obediencia a Cristo son en parte una acción humana y en parte una acción divina. Cuando un cristiano alimenta al hambriento en el nombre de Cristo, cuando un cristiano sana al enfermo en el nombre de Cristo, cuando un cristiano libera al oprimido en el nombre de Cristo o ayuda al pobre en el nombre de Cristo, la obra es una contribución a los propósitos divinos y un testimonio que apunta hacia el amor de Dios.

A veces los escépticos preguntan con razón si nosotros, como discípulos de Jesús, hacemos lo que predicamos o simplemente lo hacemos de boca. Incluso Jesús reconocía este problema, como vemos en su parábola del hombre con dos hijos. En la parábola, Jesús se dirigía a los principales sacerdotes y ancianos del pueblo cuando dijo:

Un ancla para el alma

¿Cómo podemos invitar a las personas a esta travesía? Pienso en los discípulos. Andrés buscó a su hermano y lo invitó. Felipe encontró a Natanael y repitió las palabras de Jesús: «Ven y ve» (Juan 1.39, 46). No tenemos que acercarnos a personas que no conocemos y preguntarles en cuanto a su fe. Podemos ir a las personas que conocemos. Pienso en algunos de mis amigos más íntimos. Si ellos supieran que he hallado algo bueno —un buen restaurante, una buena inversión— y no lo comparto, me harían la vida imposible. Entonces, con la fe debe ser lo mismo.

A veces nos aventuramos a hacer cosas demasiado pronto y pensamos que poseemos todas las respuestas. Decimos a las personas que es lo que está bien y qué está mal, y comenzamos a predicarles. Esto se siente artificial, y pienso que Dios utiliza carnada viva, no artificial. Cuando no conocemos la respuestas, cuando las cosas nos molestan, entonces, Dios habla a través de nosotros usando la autenticidad de lo que somos. Cuando hablo a las personas, me dan todas las razones por las cuales no pueden permanecer en la iglesia, y, a veces, digo: «¿Sabes? Estoy de acuerdo. Somos personas reales con dudas. Tenemos nuestros propios problemas. Pero hemos encontrado a Jesús que es como un ancla para el alma». La gente busca esa estabilidad.

Si seguimos el ejemplo de Jesús, mostramos gracia y compasión y apertura a los pensamientos de otras personas. Entendemos que las discusiones no cambian las mentes o corazones de las personas; es el espíritu de un individuo. Pero no somos los que hacemos esto. Nosotros solo plantamos la semilla y Dios es el que se encarga de regarla y hacerla germinar.

Rob Fuquay
Pastor titular
Iglesia Metodista Unidad St. Luke's
Indianapolis, Indiana

Del DVD *El camino wesleyano* (solo disponible en inglés)

«Pero ¿qué os parece? Un hombre tenía dos hijos, y acercándose al primero le dijo: "Hijo, vete hoy a trabajar en mi viña." Respondiendo él, dijo: "¡No quiero!" Pero después, arrepentido, fue. Y acercándose al otro le dijo lo mismo; y respondiendo él, dijo: "Sí, señor, voy." Pero no fue. ¿Cuál de los dos hizo la voluntad de su padre? Dijeron ellos: —El primero. Jesús les dijo: —De cierto os digo que los publicanos y las rameras van delante de vosotros al reino de Dios» (Mateo 21.28-31).

El sermón de Juan Wesley «La expansión del mensaje del evangelio» concluye que el mayor obstáculo para la expansión del cristianismo es el comportamiento de los cristianos.[29] Wesley siempre hablaba de las maravillas que Dios había hecho a través del movimiento metodista, pero en sus últimos años se quejaba de que el movimiento había dejado los comportamientos de los primeros que lo caracterizaron. Hoy, muchos de nosotros que decimos ser cristianos wesleyanos no testificamos adecuadamente con nuestras obras.

En 1743, Wesley estableció tres «Reglas Generales» para clarificar las creencias del movimiento metodista. Rueben P. Job, en su libro *Tres reglas sencillas* (Nashville, Abingdon Press, 2008), has hecho un resumen actualizado de las Reglas Generales:

- no hacer el mal
- hacer el bien
- mantener la relación de amor con Dios

Wesley fue muy concreto en cuanto al significado de la primera regla, «no hacer el mal», que consiste en evitar «toda clase de mal, especialmente los más comunes».[30] Tanto en el siglo XVIII como en el XXI, si los cristianos cometen actos de maldad, no testifican de Cristo con sus obras.

Wesley explicó la segunda regla, «hacer lo bueno», de la siguiente manera: «siendo misericordiosos de cuantas maneras les sea posible, y haciendo toda clase de bien conforme tengan oportunidad, y en la medida posible, a todos los hombres».[31] La regla, entonces, menciona hacer el bien a las personas, no solo a sus cuerpos sino también a sus almas.

La tercera regla, cuando se explica en su entereza en el camino wesleyano, implica el uso de los medios de gracia. Mantenemos «nuestra relación de amor con Dios» al permitir que la gracia divina forme nuestros corazones, mentes y comportamientos a través de las prácticas espirituales del culto público, la oración, el estudio de la Palabra y otras formas de conectarnos con Dios.

Testificar en Palabra

Aunque testificar del amor de Dios con nuestras obras es esencial al camino wesleyano de la salvación, testificar con nuestras palabras no es menos esencial.

Consideren un hombre cuyo brazo se mueve de atrás hacia adelante con el puño cerrado. ¿Cuántas descripciones diferentes podremos dar de su acción? Él está:

- moviendo el brazo
- haciendo ejercicio
- sufriendo un ataque de nervios
- preparándose para pegar a alguien

Todas estas son explicaciones posibles de esta acción de este hombre. Entonces, el hombre abre el puño y arroja una pequeña piedra hacia el estanque delante de él. El hombre sonríe y dice, «simplemente estaba arrojando una piedra».

De manera similar, los comportamientos de los cristianos deben explicarse. Las personas que ven nuestras despensas de alimentos puede que no sepan que estemos dando comida en el nombre de Cristo. Las personas que nos ven adorar puede que no entiendan porqué oramos, cantamos y predicamos. Las personas que nos ven presionar al Congresos en favor de los pobres o por la justicia de los inmigrantes puede que no vean las razones profundas de fe detrás de todo eso.

Los wesleyanos creemos que es Dios quien realiza la obra salvífica, y que nosotros somos meros instrumentos, una pequeña parte de un proceso mayor. Le debemos a Dios y a quienes servimos proclamar y explicar ese proceso y dar el crédito a Dios. Se le podría llamar «la verdad al etiquetar». Si ayudamos a cambiar el mundo en el nombre de Cristo, entonces Cristo debe recibir el crédito.

Invitar a otros

La otra razón para dar testimonio verbalmente se describe como parte de la segunda Regla General: Hacer el bien en el alma de las personas. Muchas veces los cristianos tratan a las personas como si se trataran de cuerpos sin almas. Las alimentamos, les ofrecemos refugio, les damos ropa o sanamos sus enfermedades. Lo que las personas necesitan es una relación salvífica con Cristo.

Dios nos ha mandado amar a otras personas, y si sabemos que un prójimo nuestro no conoce a Cristo como Señor y Salvador, debemos hallar la forma de amar a esta persona también. Amar a nuestro prójimo implica hacer el bien a sus almas tanto como a sus cuerpos.

Un eslogan poderoso que expresa esta creencia es:«Haz un amigo, Se un amigo, Trae un amigo a Cristo». Si un cristiano realmente se preocupa de otra persona y sabe que esa persona sería más feliz y mejor como un discípulo, entonces, ofrecerle una relación con Cristo es la cosa más lógica y natural del mundo.

Consideremos a Jorge y Juana. Son buenas personas que poseen buenas ocupaciones y sin problemas que reluzcan. Están casados y tienen dos hijos en preescolar. Comparte el mismo grupo de amigos con los que realizan ocasionalmente actividades. Ambos fueron a la iglesia esporádicamente de pequeños, pero durante sus años en la universidad dejaron de ir. Jorge y Juana aparentan estar viviendo una vida que funciona para ellos. ¿Necesitan a Cristo? ¿Deberían pertenecer a una iglesia?

Si la iglesia es simplemente otro club al cual pertenecemos, entonces, la respuesta es que no. Después de todo, hay muchas organizaciones diversas que tienen mérito propio.

Si creemos que la religión es un asunto privado y que es descortés o poco prudente discutirla con las amistades, entonces la respuesta será también no. Si las conversaciones sobre religión pueden a veces ser candentes y causar conflicto, ¿por qué discutir este tema entonces?

Pero si creemos que todas las personas necesitan a Cristo, entonces nuestro curso de acción está claro. Debemos de invitar a Jorge y Juana a la iglesia, para que conozcan a Cristo y profesen su fe en él.

Invitar a las personas a la iglesia de Cristo

Los cristianos wesleyanos creen que Jorge y Juana necesitan a Cristo, porque Cristo quiere ser el Salvador y Señor de todos. Este camino de la salvación es el sendero a la felicidad, plenitud y vida eterna.

Los cristianos wesleyanos también creen que aceptar a Cristo como Señor y Salvador exige obediencia a sus mandamientos. En el Nuevo Testamento, no hay tal cosa como el cristianismo solitario. Pertenecer a Cristo conlleva pertenecer a su cuerpo, que es la iglesia. La iglesia ofrece los medios de gracia, que nutren la vida cristiana y el crecimiento.

Si Jorge y Juana necesitan a Cristo y a la iglesia, ¿cómo podrán hacer ellos la conexión? Aunque hay muchos caminos que pueden emprender, el camino más significativo y eficaz es a través de una conversación con otros cristianos.

Todo cristiano debe ser un evangelista. Este concepto no quiere decir que todos debemos predicar en un evento evangelístico o aparecer en la televisión haciendo llamados a la fe. El evangelismo puede ser tan sencillo como preguntar a un amigo: «¿Vas a una iglesia?». Si la respuesta es sí, las noticias son maravillosas y habrá una nueva conexión entre ustedes. Si la respuesta es no, o «Estoy buscando una iglesia a la que asistir», entonces puede invitarle a su iglesia.

Nunca se deberá extender tal invitación a una persona que ya sea miembro de otra iglesia. Esto sería como robar ovejas de otra parte del mismo rebaño. Los wesleyanos creen que los bautistas, católicos romanos, episcopales, miembros de iglesia bíblicas, presbiterianos, y otros tipos de cristianos son todos discípulos de Jesús. Cuando una persona transfiere su membresía de otra parte del rebaño, no hay ganancia para el reino de Dios.

Las invitaciones a la iglesia deben de hacerse con amor y respeto. Evangelismo significa literalmente «buen mensaje». El contenido del mensaje, en su forma más simple, es que Dios le ama y quiere una relación para ayudarlo a encontrar una vida completa. Para muchas personas, estas son buenas noticias. Pero en dos mil años, los cristianos se las han arreglado para ofrecer la invitación de muchas maneras que se interpretaron como malas noticias. Los cristianos a veces hablan de pecado, condenación e infierno como la expresión inicial del amor divino. Los cristianos a veces han actuado con odio, racismo, sexismo, exclusión y avaricia por lo que nuestras acciones han contradicho la bondad del mensaje. Incluso hemos bautizado personas y las hemos puesto en esclavitud.

Los wesleyanos creemos que la gracia preveniente divina está ya obrando en la vida de cada persona. Dios empuja a esas personas espiritualmente dormidas para que se despierten y hallen al Señor. Por lo tanto, una invitación es una manera de reconocer lo que Dios ya hace en la vida de la persona y añadir nuestra voz humana a la insistencia del Espíritu Santo. La invitación puede ser a asistir el culto del domingo por la mañana, a una clase de la escuela dominical o a un estudio bíblico. Muchas personas quieren aportar para las personas con necesidades, y para ellas la invitación podría ser a un proyecto misionero.

¿Qué tal si invitáramos a Jorge y Clara a ayudar en la construcción de una casa para una familia pobre en la comunidad? Después de un día de trabajo duro por una causa justa, podrían aprender que los cristianos pueden ser un buen grupo y que la iglesia es una manera de transformar el mundo. Luego, se le podría invitar a un evento social en la casa de alguien. Y después, una invitación a la adoración podría conducirlos a conocer a Cristo.

Todo cristiano conoce a alguien que necesita una invitación. A este nivel básico, todo cristiano puede ser un evangelista.

> *Dios empuja a esas personas espiritualmente dormidas para que se despierten y hallen al Señor.*

Contar la historia

Otra manera en que podemos testificar de Cristo es contar la historia de nuestro propio peregrinaje espiritual. 1 Pedro 3.15 nos dice: «…estad siempre preparados para presentar defensa con mansedumbre y reverencia ante todo el que os demande razón de la esperanza que hay en vosotros». En ocasiones se nos preguntará: «¿Por qué es usted cristiano?» Cristo necesita discípulos que estén dispuestos y sean capaces de contar la historia de cómo llegaron ellos a la fe.

Hay tantas historias diversas como hay cristianos. Yo he contado partes de la mía, incluyendo mi niñez como hijo de un pastor metodista y músico de iglesia, mi experiencia misionera un verano, mi alejamiento de la iglesia, y mi conversación con el conductor de camiones. Mi historia tiene elementos en común con la historia de las personas fuera o en la periferia de la iglesia. Primeramente, no he sido siempre un cristiano practicante. Dejé los medios de gracia por un tiempo. Cuando regresé, seguía indagando y me llevó algún tiempo encontrar la respuesta. En segundo lugar, no tuve la experiencia de conversión poderosa e instantánea que algunos otros han experimentado. Mi regreso a Cristo fue muy gradual.

Su historia es inevitablemente diferente a la mía, lo que simplemente ilustra la variedad de formas en las que los seres humanos se encuentran con Dios. Cualquier sendero que dirija al discipulado genuino es válido. Compartir nuestras historias puede ayudar a otros que van de camino.

Guiar a otras personas

Todavía hay otra forma de invitar a otras personas a este peregrinaje. Las personas que consideran unirse al cristianismo a menudo necesitan un mentor o amigo espiritual que camine con ellas. Cristo necesita personas que puedan ser ese amigo.

Para algunas personas considerar el camino cristiano, los problemas y preguntas pueden ser básicos y fáciles de tratar. ¿Quién es Cristo? ¿Qué involucra el bautismo? ¿Cómo se adora en la iglesia?

Otras personas presentan dificultades mayores. Han oído versiones del cristianismo que les inquietan. Necesitan ayuda con las interpretaciones contradictorias de la Escrituras. Han tenido experiencias negativas con personas que se denominaban cristianas. Quieren saber si el camino wesleyano de la salvación es la misma salvación que ellas rechazaron anteriormente en sus vidas. Tienen preguntas profundas sobre Dios y el poder del maligno en el mundo.

Los mentores no tienen que tener todas las respuestas. Pero necesitan la fortaleza espiritual para compartir su perspectiva en cuanto a la fe cristiana cuando se les desafíe. Los mentores deben proponer recursos para la persona que busca y referirlos a personas que tienen la capacidad de ayudarlas a resolver sus preguntas. Pueden guiar a quien busca el camino de la salvación.

Congregaciones que miran hacia afuera

Las congregaciones sanas y crecientes enfocan su ministerio al exterior. Sus miembros constantemente buscan maneras de testificar de Cristo de palabra y obra. Organizan actividades de grupos pequeños de manera que incluyan servicio y testimonio. Trabajan hacia la hospitalidad radical. Buscan maneras de iniciar las conversaciones espirituales con esas personas que no tienen una iglesia. Están siempre dispuestos a invitar a personas fuera de la iglesia a encontrarse con Cristo.

Las congregaciones que miran al exterior disponen de muchas maneras en las que el alcance se produce. Algunos miembros no se sienten cómodos con el testimonio verbal, pero pueden ayudar con la organización de la comunicación, hospitalidad y los sistemas de respuesta de la iglesia. Otros miembros pueden asegurarse de que los letreros y los accesos sean propiamente resueltos. Otros pueden crear y mantener la página electrónica de la iglesia, y cerciorarse de que comunique claramente el mensaje a las personas que no asisten de la comunidad y más allá de ella. Otros pueden mantener los nombres y los datos de las personas, ayudando a la membresía a construir relaciones de manera efectiva. Todos los miembros de la iglesia, de una manera u otra, se centrarán en amar a las personas en el nombre de Jesús y en estar al alcance de otros para que conozcan el amor transformador de Dios.

«Venid, pecadores, a la fiesta del evangelio»

Los primeros wesleyanos estaban convencidos de que todos necesitaban a Cristo. Creían que todos estaban invitados a conocer a Jesús y ser parte de su cuerpo, la iglesia. Uno de los himnos más famosos de Carlos Wesley ilustra la idea de un banquete celestial como metáfora de esta invitación:

Venid, pecadores, a la fiesta del evangelio;
que cada alma sea huésped de Jesús.
Ninguno de ustedes ha de ser excluido,
pues Dios ha invitado a toda la humanidad.
Enviado por el Señor, yo los llamo;
la invitación es para todos.

¡Venid, todo el mundo! ¡Ven tú también, pecador!
Todas las cosas ya están listas en Cristo.
Este es el momento, ¡no demoren más!
Este es el día escogido por el Señor.
Acudan a su llamado, en este mismo instante,
y vivan para Aquél que murió por todos.[32]

8.

Cristo sin importar lo que pase

Cosas malas les siguen pasando a personas buenas. Seguir a Cristo no garantiza protección contra desastres, desilusiones o enfermedades, a pesar de lo que le gustaría creer a muchas personas.

Creemos que, en general, las personas con compromisos de fe activos y con altos valores morales viven existencias más felices y satisfactorias. Comparar el sendero de una persona con el de otra siempre es difícil y subjetivo, pero los wesleyanos enseñan y predican que todo individuo estaría mejor en este mundo y en el venidero si emprenden el camino de la salvación.

Aun así, hay muchos casos en los que las personas se preguntan: «¿Por qué permite Dios que esto suceda?»

A veces las situaciones que enfrentamos no amenazan nuestra existencia. Cuando un esposo es infiel y un matrimonio se disuelve, batallamos con sentimientos de rechazo, baja autoestima y desesperación. Cuando se pierde el empleo por la situación económica, no sabemos qué hacer o dónde ir.

A veces, las situaciones son de vida o muerte. Una madre joven con tres hijos estaba embarazada con su cuarto cuando se la diagnosticó con cáncer de mama. Era una líder en el coro de niños y del programa escolar de mitad de semana. Era una participante entusiasta en los grupos de estudio bíblico. Tenía una fe fuerte, y la compartía con libertad con otras personas. Era bondadosa, cariñosa y generosa. Tras una lucha de tres años, y recibir el mejor cuidado médico del mundo, ella falleció. Otras personas han sufrido desastres naturales como huracanes, tsunamis, terremotos y tornados. ¿Por qué?

> «¿Por qué permite Dios que esto suceda?»

Dios camina con nosotros

La mejor respuesta a la persistente pregunta de ¿por qué? es que los cristianos nunca están solos cuando se enfrentan a estas situaciones. Hay tres verdades que pueden ayudarnos a entender la perspectiva cristiana.

La primera es que cosas malas ocurren en el mundo, y a veces afectan a personas buenas. Por qué Dios permite esto es un misterio. Un miembro de mi congregación con noventa y tantos, se debilitaba y estaba listo para partir al cielo. Entonces se cayó y se rompió una cadera. Después de una operación experimentó gran dolor al tratar de caminar de nuevo, solo para darse cuenta después que su otra cadera también estaba fracturada. Me preguntó: ¿Por qué no me lleva Dios ahora a casa? ¿Por qué me permite vivir tanto tiempo?» Yo dije: «Quizás le podrías hacer la pregunta al Señor cuando llegues al cielo». Él me sonrió y dijo: «Para entonces ya no importará».

Los seres humanos somos impacientes y queremos aprender más cosas de Dios y su conocimiento. En la historia de Job, este le pregunta a Dios ¿Por qué? y en un punto fundamental de la historia, Dios le responde:

«¿Quién es ése que oscurece el consejo con palabras sin sabiduría? Ahora cíñete la cintura como un hombre: yo te preguntaré y tú me contestarás. ¿Dónde estabas tú cuando yo fundaba la tierra? ¡Házmelo saber, si tienes inteligencia! ¿Quién dispuso sus medidas, si es que lo sabes? ¿O quién tendió sobre ella la cuerda de medir? ¿Sobre qué están fundadas sus bases? ¿O quién puso su piedra angular, cuando alababan juntas todas las estrellas del alba y se regocijaban todos los hijos de Dios?» (Job 38.2-7).

Dios estaba diciéndole: «Quién eres tú para cuestionarme?» Por tanto que queremos saber el por qué, hay cosas que nunca sabremos en esta vida, y cuando vayamos al cielo, como dijo esa persona de mi congregación, realmente no importará.

La segunda verdad, que aparece claramente en las Escrituras, es que Dios nos acompaña durante nuestros momentos difíciles. Dios es amor, y su misericordia es para siempre.[33] (Nota: Ver Salmos 119 donde esta frase se repite constantemente). A través de la historia de Dios con Israel en el Antiguo Testamento, las Escrituras nos muestran que Dios no abandona a su pueblo sin importar la situación en la que se encuentra. Un resumen crucial de esta enseñanza se encuentra en Salmos 23:

Jehová es mi pastor, nada me faltará.
En lugares de delicados pastos me hará descansar;
junto a aguas de reposo me pastoreará.
Confortará mi alma.
Me guiará por sendas de justicia por amor de su nombre.
Aunque ande en valle de sombra de muerte,
no temeré mal alguno,

porque tú estarás conmigo;
tu vara y tu cayado me infundirán aliento.
Aderezas mesa delante de mí
en presencia de mis angustiadores;
unges mi cabeza con aceite;
mi copa está rebosando.
Ciertamente, el bien y la misericordia me seguirán todos los días de mi vida,
y en la casa de Jehová moraré por largos días

La imagen de Dios preparando la mesa para que comamos en presencia de nuestros enemigos es una metáfora impactante de cómo Dios puede bendecirnos en medio

Compartir el evangelio

Dios ha creado un mundo de agentes libres.

Hay muchas situaciones que suceden que Dios no está directamente causando, planeando o controlando. Dios ha dado a los agentes libres la posibilidad de actuar, y el nivel más alto de estos agentes libres son los seres humanos. Al mismo tiempo, Dios siempre obra en nuestro interior, nos ofrece gracia y poder para ser lo que él quiere que seamos.

En nuestra cultura, hay mucho desecho religioso. Las personas plantean preguntas, y van a lugares insólitos para encontrar sus respuestas. Cuando escucho a las personas hablar de ello, a menudo me digo a mí mismo, ¿No han leído a Juan Wesley? ¿No han oído del camino wesleyano?

Hago este estudio para ponerme en contacto con la gente normal, con quienes buscan, con personas que se hacen preguntas importantes y quieren saber cómo vivir como discípulos de Jesús. Siete oradores lo hacen conmigo –buscamos a las personas, las ayudamos a conocer a Jesús, les enseñamos a vivir fielmente como discípulos cristianos. Esto es lo que me mantiene motivado.

Disfruto compartir el evangelio. Me gusta explicar las enseñanzas de manera que tengan sentido. Me encanta ver el balance y mantenerme en el centro extremo. Estoy convencido de que el evangelio es lo que la cultura americana necesita hoy día. Es la razón por la que he escrito este libro.

Scott J. Jones
Obispo, Iglesia Metodista Unida
Conferencia Anual de Texas

Del DVD *El camino wesleyano* (solo disponible en inglés)

de nuestras dificultades. Muchas veces he oído a personas en medio de grandes retos –incluso de camino a la muerte– hablar de cómo Cristo los confortaba y cómo su fe les ayudaba en esos tiempos de dificultad.

La tercera verdad se revela cuando los discípulos preguntan a Jesús qué pecado concreto había causado que un hombre naciera ciego. Jesús respondió:

> «No es que pecó éste, ni sus padres, sino para que las obras de Dios se manifiesten en él. Me es necesario hacer las obras del que me envió, mientras dura el día; la noche viene, cuando nadie puede trabajar. Mientras estoy en el mundo, luz soy del mundo» (Juan 9.3-5).

Jesús nos dice que en vez de estancarnos en preguntarnos por qué suceden cosas malas, debemos enfrentarnos a situaciones similares como oportunidades para llevar a cabo la obra de Dios y hacer de este mundo un lugar mejor.

Responder con fe a las situaciones difíciles

El camino wesleyano enseña que la gracia de Dios nunca nos deja. Incluso en medio de las dificultades, sean mayores o menores, Dios nos da los recursos para sobrellevar los problemas. La noche en la que murió, Cristo trató este asunto con sus discípulos:

El camino wesleyano enseña que la gracia de Dios nunca nos deja.

> «Y yo rogaré al Padre y os dará otro Consolador, para que esté con vosotros para siempre: el Espíritu de verdad, al cual el mundo no puede recibir, porque no lo ve ni lo conoce; pero vosotros lo conocéis, porque vive con vosotros y estará en vosotros. No os dejaré huérfanos; volveré a vosotros» (Juan 14.16-18).

Cuando las personas que sufren experimentan el amor y la gracia de Dios, pueden ver una salida para conquistar esas dificultades. El aspecto crucial en esos momentos es cómo responden las personas. Pueden rechazar a Dios y dejar que el sufrimiento les abrume, o pueden responder con fe y permitir que la gracia de Dios obre.

Mi padre sufrió su primer ataque de corazón a los cincuenta y tres años, y fue fatal. Mi madre tenía cuarenta y nueve años en ese momento. Estaba desolada. Con todo el dolor que sufría, sin embargo, ella respondió con fe. Dos semanas después del funeral, me dijo que iríamos a Durham, en North Carolina, a tres horas de casa para ver a un doctor. Le dije que ya teníamos un doctor en Durham. Ella me respondió que este doctor era diferente. Entonces condujimos a Waynesville, en North Carolina, y nos encontramos con el doctor Henry Perry. Al año siguiente, mi madre viuda de cincuenta años pasó el verano en las montañas de Bolivia ayudando a administrar el Proyecto de Salud Rural de los Andes, fundado por el doctor Perry en 1979. Desde pequeña había querido ser una misionera, pero, en vez, se había casado con mi padre. Ella había disfrutado haber estado casada con él, y servir con un ministro universitario y de música, pero ahora Dios la llamaba a la obra misionera. Ella pasó muchos de los siguientes veinticinco años liderando equipos de misión a Bolivia y muchos otros países. La gracia de Dios le dio un nuevo enfoque a su vida, y su repuesta de fe la ayudó a hallar el sendero a un nuevo capítulo en su vida de servicio a Dios.

Historias similares se han contado sobre respuestas a desastres, desilusiones y muertes. Pablo lo deja claro en Romanos 8.28: «Sabemos, además, que a los que aman a Dios, todas las cosas los ayudan a bien, esto es, a los que conforme a su propósito son llamados». Esta es una afirmación en la que podemos apoyarnos en los momentos difíciles. Dios no causa las dificultades, pero Dios obra en cada situación difícil para el bien de su creación.

Muerte

La muerte es una realidad a la que todos los seres humanos nos enfrentamos. A veces la vemos primero con la muerte de nuestros padres, amigos o personas queridas. Otras veces la vemos en nuestros hijos. Otras veces la vemos en forma de un desastre o acto de terrorismo, y cientos mueren a la vez.

Los cristianos creemos que la vida es buena y que Dios quiere que los seres vivos prosperen y sean protegidos. Dedicamos gran cantidad de energía tratando de curar enfermedades y extender la vida de las personas. Por muchos años ya, los cristianos wesleyanos se han opuesto a la pena de muerte para minimizar la toma de vidas.

Pero, ¿qué ocurre después de la muerte?

Dos pasajes bíblicos han moldeado el pensamiento cristiano sobre la vida después de la muerte. En el primero, Jesús participa en una conversación con los dos criminales que crucificaron a su lado. Uno maldijo a Jesús y el otro lo defendió al mantener que Jesús era inocente y le dijo a Jesús: «Acuérdate de mí cuando vengas en tu Reino». A lo que Jesús replicó: «De cierto te digo que hoy estarás conmigo en el paraíso» (Lucas 23.43).

Unos años después, Pablo escribió a la iglesia de Corinto:

> Os digo un misterio: No todos moriremos; pero todos seremos transformados, en un momento, en un abrir y cerrar de ojos, a la final trompeta, porque se tocará la trompeta, y los muertos serán resucitados incorruptibles y nosotros seremos transformados (1 Corintios 15.51-52).

Cielo e infierno

Los cristianos wesleyanos creemos que hay vida después de la muerte y nuestra relación con Cristo que experimentamos en la tierra moldea grandemente y quizás determine cual será esa relación después de la muerte. Las personas que conocen a Cristo como Señor y Salvador, mientras viven en la tierra, tienen la esperanza de continuar en su relación con Cristo en la vida después de la muerte. Juan 3.16 claramente declara: «De tal manera amó Dios al mundo, que ha dado a su Hijo unigénito, para que todo aquel que en él cree no se pierda, sino que tenga vida eterna». Las palabras «vida eterna» se utilizan a menudo en el Nuevo Testamento para describir la promesa que la muerte no es el fin de la historia para esos que aman a Dios.

La Biblia dice en realidad muy poco acerca del cielo y del infierno. Las referencias al cielo se realizan en términos de vida eterna y los términos alternativos del castigo donde será el lloro y el crujir de dientes (Mateo 13.42). Muchos cristianos se sienten perturbados con la idea de que una persona vaya al infierno. Se preguntan cómo es que un Dios de amor pueda mandar a alguien a un castigo eterno. Señalan la declaración de Pablo en Romanos 8.38-39:

> Por lo cual estoy seguro de que ni la muerte ni la vida, ni ángeles ni
> principados ni potestades, ni lo presente ni lo por venir, ni lo alto ni lo
> profundo, ni ninguna otra cosa creada nos podrá separar del amor de Dios,
> que es en Cristo Jesús, Señor nuestro.

Los wesleyanos entienden que todas las personas han recibido gracia suficiente de Dios para ser salvas. La cuestión, entonces, es si decidimos utilizar la gracia que Dios nos ha provisto. Juan Wesley dijo: «El ser humano peca no porque esté excluido de la gracia, sino porque no sabe hacer uso de la gracia que posee».[34]

Dentro de la lista de los atributos divinos, contamos con que Dios lo conoce todo, ama a todas las personas, es justo y es fiel permanentemente. Los wesleyanos creemos que Dios nos ama y nos permite la libertad de rechazar su amor. Por esto, lo que sea que nos ocurra en la eternidad es resultado de cómo hemos respondido a la gracia de Dios en esta vida.

No podemos conocer el estado de la salvación de una persona en particular. Solo Dios conoce el corazón de esa persona y siempre juzgará justa y correctamente.

Los cristianos y otras religiones

Los wesleyanos afirmamos que Dios es recto y justo y no nos condenará al infierno sin darnos una oportunidad realista de salvación. Cuando Juan Wesley comenzó su ministerio, había mucha discusión sobre cómo y si las personas en África y América, que nunca habían oído la predicación del evangelio, serían juzgadas. Wesley proponía una respuesta interesante y provocadora. Dijo que esas personas serían responsables delante de Dios por la manera en la que respondieran a la gracia preveniente que se les había otorgado.

Después de Jesús, la primera generación de cristianos extendió el evangelio en un mundo multireligioso y multicultural. Existían muchas opciones de afiliación religiosa y fe. Y, aun así, los discípulos sabían que Dios había hecho algo único en la vida, muerte y resurrección de Jesús. Cuando Pedro y Juan fueron arrestados, dijeron a las personas: «En ningún otro hay salvación, porque no hay otro nombre bajo el cielo, dado a los hombres, en que podamos ser salvos» (Hechos 4.12). La meta del evangelismo cristiano es que algún día todas las personas habrán oído la verdad acerca de Dios, «para que en el nombre de Jesús se doble toda rodilla de los que están en los cielos, en la tierra y debajo de la tierra; y toda lengua confiese que Jesucristo es el Señor, para gloria de Dios Padre» (Filipenses 2.10-11).

Al mismo tiempo, siguiendo la cadena de pensamiento de Juan Wesley, reconocemos que Dios ya ha comenzado su obra otorgando gracia previniente a las personas que puede que no conozcan lo que Dios ha hecho a través del pueblo judío primeramente y después por Jesucristo. Vemos que los seres humanos han procurado adorar a Dios de acuerdo con sus conocimientos y que otras religiones ofrecen perspectivas válidas. Aunque estas religiones no son la única fe verdadera, presentan aspectos de la verdad. Cuando Pablo tuvo la oportunidad de predicar en el areópago en Atenas, apeló a la práctica religiosa que ya estaba presente, y dijo:

> «Atenienses, en todo observo que sois muy religiosos, porque pasando y mirando vuestros santuarios, hallé también un altar en el cual estaba esta inscripción: "Al dios no conocido". Al que vosotros adoráis, pues, sin conocerlo, es a quien yo os anuncio» (Hechos 17.22-23).

De la misma manera, los misioneros y evangelistas cristianos buscan puntos de conexión con personas de otras fes, y sugieren maneras en las que la verdad acerca de Dios puede ser presentada parcialmente en sus creencias y prácticas. A veces las prácticas se pueden traspasar al cristianismo como una manera de hacer esa conexión. Popularmente, la celebración del nacimiento de Cristo se puso el 25 de diciembre para construir una conexión con los festivales del invierno que eran populares en Roma. (Se piensa que Jesús, con cierta certeza, nació durante el verano, tiempo en el que los pastores hacen vigilia sobre sus rebaños). Conectar con otra práctica religiosa y convertirla en una celebración cristiana era una estrategia evangelística que tenía sentido en aquel entonces. Sigue teniendo sentido hoy.

Por tanto, mientras los wesleyanos afirman que Cristo es el único camino hacia el Padre, también afirmamos que Cristo puede obrar por medio de otras religiones en maneras que no conocemos y no podemos entender. Esto es especialmente verdad cuando consideramos las maldades hechas por cristianos profesos a través de la historia y el efecto de esto en otras personas. También, Dios con su juicio omnisciente, podría aceptar a un musulmán, o un judío, o a un budista en el cielo por la falta de oportunidad genuina de conocer a Cristo. Al mismo tiempo, ofrecemos a Cristo a las personas de otras religiones, porque Cristo es el camino, la verdad y la vida.

El final del tiempo

Aunque el fin de la vida de un individuo vendrá ciertamente algún día, el fin del mundo es un tema que ocasionalmente se discute entre los cristianos. Los credos niceno y apostólico hacen referencia a la segunda venida de Cristo para juzgar a los vivos y a los muertos. El libro de Daniel y Apocalipsis, junto con algunos versículos en los evangelios, contienen imágenes vívidas del fin del mundo y cómo quienes creen en Dios serán tratados durante ese tiempo. Por las guerras y los desastres naturales que se mencionan en esos relatos, cuando ocurran, las personas se preguntarán de nuevo en cuanto al fin del mundo. Otros eventos mayores como la formación del Israel moderno como un país independiente, las guerras del Oriente Medio (el escenario del Armagedón bíblico), y el comienzo del segundo milenio A.D. han iniciado asociaciones con el fin del mundo.

Uno de los textos de la Biblia más importantes que predicen el fin del mundo proviene de Jesús. Tras describir algunas de las señales, dice en Mateo 24.36: «Pero del día y la hora nadie sabe, ni aun los ángeles de los cielos, sino sólo mi Padre». En base a este texto, ni Jesús cuando estaba en la tierra sabía cuando todo esto acontecería.

La ciencia moderna ha cambiado la manera en la que los wesleyanos piensan del principio y del fin del mundo y el tiempo involucrado. Aunque algunos cristianos ven la ciencia y la fe como antagónicas, los wesleyanos las ven como complementarias, como una denominación declara:

> Reconocemos la ciencia como una legítima interpretación del mundo natural de Dios. También afirmamos la validez de lo que la ciencia ha sostenido al descubrir el mundo natural y en la determinación de lo que es científico. No aceptamos que la ciencia haga declaraciones absolutas sobre asuntos teológicos, ni que la teología haga afirmaciones autoritativas sobre asuntos científicos. Consideramos que la exposición de la ciencia de la evolución cosmológica, geológica y biológica no se hayan en conflicto con la teología.[35]

La mayoría de los científicos creen que el mundo se originó hace billones de años y cualquier afirmación del fin del universo en los próximos mil años no tiene sentido. Los wesleyanos están abiertos a entender la segunda venida de Cristo a la luz de la ciencia, sin pretender predecir un tiempo que violaría la verdad científica.

Seguir a Cristo es una forma de vida

Sea lo que pase en nuestras vidas, el principio fundamental que guía al discipulado es seguir a Cristo en todo lo que pensamos, decimos y hacemos. El Dios trino es la última realidad del universo, y Dios ha creado a cada uno de nosotros con un propósito, amar a Dios y al prójimo en todo.

Realizamos este propósito en comunidad. Cristo salva a individuos, pero la salvación siempre involucra ser formado dentro del cuerpo de Cristo, que es la iglesia. La iglesia ha tomado diversas formas en diversos momentos de la historia, pero cualquiera que sea la forma que ha tomado, la participación en la comunidad reunida de los creyentes nunca ha sido opcional.

No hay forma de vida mejor que seguir a Cristo. Involucra darnos a nosotros mismos, pero también ser bendecidos. Significa llegar a ser quienes Dios quería que fuéramos y encontrar gozo, significado y propósito en la vida. Cuando situaciones malas acontecen, encontramos la fuerza y la gracia para superarlas sin importar la dificultad. Cuando recibimos bendiciones, entendemos que se nos dieron para un propósito mayor.

«El Señor resucitó»

Uno de los himnos más impactantes de Carlos Wesley se canta durante la Semana Santa, pero para los cristianos cada domingo es Semana Santa. La resurrección de Cristo fue la promesa divina de la vida eterna y una prueba de cómo debemos vivir sobre la tierra. La última estrofa describe la cúspide a la que se dirigió Cristo. El camino wesleyano es una forma de vida triunfante, a través de la gracia divina.

El Señor resucitó, ¡Aleluya!
muerte y tumba ya venció ¡Aleluya!
con su fuerza y su virtud ¡Aleluya!
cautivó la esclavitud. ¡Aleluya!

El que al polvo se humilló, ¡Aleluya!
vencedor se levantó, ¡Aleluya!
Cante hoy la cristiandad ¡Aleluya!
su gloriosa majestad. ¡Aleluya!

Cristo, que la cruz sufrió, ¡Aleluya!
y en desolación se vio, ¡Aleluya!
hoy en gloria celestial ¡Aleluya!
reina vivo e inmortal. ¡Aleluya!

Hoy al lado está de Dios, ¡Aleluya!
donde escucha nuestra voz; ¡Aleluya!
por nosotros rogará, ¡Aleluya!
con su amor no salvará. ¡Aleluya!

Cristo, nuestro Salvador, ¡Aleluya!
de la muerte triunfador, ¡Aleluya!
haznos siempre en ti confiar. ¡Aleluya!
Cantaremos sin cesar: ¡Aleluya![36]

Reconocimientos

El movimiento wesleyano cuenta con un sinnúmero excelente de eruditos, pastores y líderes laicos excelentes. Siete de ellos se unieron a mí en este proyecto, y han recibido el apoyo del liderazgo de sus congragaciones. Dios los utiliza diariamente para ayudar a las personas a seguir el camino wesleyano.

El redescubrimiento de Juan Wesley y su importancia para las personas de los siglos XX y XXI ha tenido muchos promotores. Albert Outler fue un líder clave de este esfuerzo. Sus enseñanzas, escritos y ánimo personal abrieron nuevas avenidas de entendimiento en mi vida. Richard Heitzenrater y John Deschner fueron mis maestros y compartieron sus métodos y perspectivas a lo largo de mi sendero académico. Randy Maddox, Ted Campbell, Rebekah Miles, Rex Matthews, Stephen Gunter, Paul Chilcote, Laceye Warner, William Abraham y Ken Collins han sido compañeros de viaje por este camino. Me he beneficiado grandemente de conversaciones, libros e investigaciones conjuntas para entender a Wesley y el movimiento wesleyano.

Estoy grandemente agradecido a Jenny Youngman, quien escribió la versión contemporánea de los himnos que se encuentra al final de los capítulos. [Solo en la versión del libro en inglés]

Notas

Capítulo 1

1. *Himnario bautista*, (Edit. Mundo Hispano), 110.

2. *Obras*, VI.

3. *Disciplina*, ¶104.

4. *Mil voces para celebrar* (MVPC), 1.

Capítulo 2

5. Ver resumen en http://www.anselm.edu/homepage/dbanach/anselm.htm.

6. *Obras*, X:420.

7. *Obras*, IX:243.

8. UMH, 880.

9. UMH, 139.

10. Ver la Carta de Aristides en https://licenciaparapecar.wordpress.com/2010/05/11/capitulo-siete-vida-en-abundancia-romanos-8/.

11. *Obras*, Tomo IX, pp. 272-74.

Capítulo 3

12. *Obras*, XIV, p. 301.

13. *Obras*, IV, p. 93.

14. *Disciplina*, ¶125, p 98.

15. *Obras*, IX, p. 290.

Capítulo 4

16. MVPC, 203.

17. Agustín, *Las confesiones*, 1.1.

18. Obras, IX, pp 278-79.

19. MVPC, 206.

20. MVPC, 206.

Capítulo 5

21. *Obras*, IX:286.

22. *Obras,* I, p.10.

23. *Disciplina*, ¶104.

24. *Disciple: Becoming Disciples Through Bible Stud*y, Week 1 video (Nashville, TN: Graded Press, 1987).

25. *Obras*, IV:84.

26. MVPC, 203.

Capítulo 6
27. *Obras*, II:399.
28. *Obras*, IX:312-13.

Capítulo 7
29. *Obras*, III:381.
30. *Disciplina*, ¶104, p. 80.
31. *Disciplina*, ¶104, pp. 80-81.
32. *Obras*, IX:278-79.

Capítulo 8
33. Ver Salmos 119 donde la frase se repite a menudo.
34. *Obras*, IV:94.
35. *Disciplina*, ¶160F.
36. *Obras*, IX:25-58.

CPSIA information can be obtained
at www.ICGtesting.com
Printed in the USA
LVHW101336201219
641247LV00008B/91/P